中学デビューシリーズ

初心者もぐんぐんレベルアップ

バレーボール入門

著
髙橋宏文
東京学芸大学
男子バレーボール部監督

ベースボール・マガジン社

はじめに

今、この本を読んでいる人は、バレーボールを始めたばかりの人でしょう。なぜ、数あるスポーツの中から、バレーボールを選んだのか？

強いスパイクを打ちたい、スパイクやサーブをレシーブしたい、セッターで多彩な攻撃をしかけたいなど、動機は多様でしょう。全日本チームの躍進や、人気アニメ『ハイキュー』の影響もあるかもしれませんね。

しかし、実際にプレーしてみると、練習してもなかなか上達しない、という〝壁〟にぶち当たったりします。なぜか？　一番の理由は「イメージとのズレ」です。スポーツの上達には、脳内でのイメージが必要です。しかし、身体が思い通り動かせていない段階ではイメージとのズレが生まれ、このために脳は迷い、かえって体が動かなくなることがあるのです。

本書では、上達に欠かせない「基礎のポイント」を写真と文で説明しました。同時に「実際の動き」もイメージできるよう、動画も用意しました。「基礎」+「イメージ」。この２段構えが、上達の近道と考えてのことです。

私は大学のトップリーグで選手を指導していますが、痛感するのは基礎の重要性です。基礎をおろそかにした選手は、伸び悩んでしまうのです。バレーボールはボールを止めることができず「ダイレクトプレーの連続」によるスポーツです。そのため、基礎のポイントを押さえつつ、自身の求めるプレーや必要となるプレーに取り組みます。その際に重要なのが、それまでのプレーの修正です。これを行わないと基礎となる土台の部分が崩れ、その上に築かれる新たな技術が成り立たなくなるのです。

この本は、その第一歩になります。本書を見て、何度も実践してみてください。失敗と修正をくり返すうちに、自分なりの感覚やポイントがつかめてきます。そのためにも「正しいガイド」が必要なのです。

また、この本は初心者以外の人にも有効です。復習による気づきは、飛躍のきっかけになるからです。多くのアスリートがそれを実証してくれています。

みなさんが楽しいバレーボール人生を送れるよう、心を込めて書きます。

東京学芸大学教授　男子バレーボール部監督　**髙橋宏文**

HOW TO USE この本を有効に使うために

この本は、次のように使うのがベターだと私は考えます。

① 全体を通して読む

↓

② 本の内容を意識しながら実践してみる

③ もう一度、本を読む

④ 修正点を自分で見つけ、実践してみる

⑤ 動画でプレーを見る（QRコードをスマホで読み取る）

⑥ 動画のプレーを意識しながら実践してみる

⑦ 3~6をくり返す

失敗を怖がってはいけません。失敗したら、修正すればいいのです。

この本は、そのためにあります。

動画は、大学のトップリーグで活躍する東京学芸大学の男子バレーボール部の選手たちです。みなさんのイメージづくりの参考にしてみてください。

中学１年生の３人にも協力してもらいました。

ABOUT VOLLEYBALL バレーボールの魅力

バレーボールは、チームの実力差がはっきりと試合に現れて、いわゆる〝大番狂わせ〟が少なく、強いチームが必ず勝つスポーツだと言われています。

どんなチームが強いのか？

「高身長のチーム」や「機動力のあるチーム」も強いのですが、一番は「基本に忠実なプレーがきちんとできるチーム」です。世界レベルの戦いでも、１球のパスミスで試合が覆ります。そこが怖さでもあり魅力でもあるのです。

バレーボールはボールを止めることができず「ダイレクトプレーの連続」によるスポーツです。声を掛け合うことや、仲間へのカバーリング精神がなければボールはつながらず、コントロールもできません。強烈なスパイク、芸術的なトスによるコンビ攻撃、鮮やかなレシーブ……観る者を夢中にさせるこれらのプレーは、基礎を踏まえた堅実なプレーと、カバーリングの上に成立します。

バレーボールは、攻撃の裏に守備があり、守備の裏に攻撃がある。攻守が目まぐるしく変わり、一瞬の油断も許されない競技です。その中で、味方のプレーヤーをいかにフォローできるか？　優秀なプレーヤーがいても、ボールがつながらなければ、能力は生かせません。全員が自分の最大限の力を発揮してこそ〝攻守一体〟となれるのです。それにはチームワークが欠かせません。

チームワークは、仲間を思いやる気持ちや連携プレーのうまさだけを言うのではありません。個の能力を上げることも、その一つです。しかし「やらされる練習」では上達に限度があります。うまくなる最大の秘訣は、自分から練習することです。自分で考えて課題を克服し、どんどん挑戦する。すると、どんどん好きになり、どんどんうまくなっていきます。つまり、上達は、自分からやるかどうかにかかっています。頑張る人を仲間は信頼します。そこにチームワークが生まれ、チーム力も向上していくのです。

目次

実践編

PART 1 パス PASS

PART2 レシーブ RECEIVE

PART 3 トス TOSS

PART 4 スパイク SPIKE

PART 5 ブロック BLOCK

PART 6 サーブ SERVE

COLUMUN

基礎知識編

協力／東京学芸大学男子バレーボール部、中学生モデルの馬場大寿、濵田瑛太、宇野玄桐
構成／山城稔（株式会社BE-million）
写真・動画／馬場高志、阿部卓功
審判シグナル撮影／馬場珠颯
デザイン／paare'n

実践編

PART 1 パス PASS

PART 2 レシーブ RECEIVE

PART 3 トス TOSS

PART 4 スパイク SPIKE

PART 5 ブロック BLOCK

PART 6 サーブ SERVE

まずはバレーボールを構成するプレーの基本技術を習得しよう。各パートに分かれているので、正しい技術を段階的にマスターできる。これらの技術を身につけるとバレーボールがどんどん楽しくなるぞ！

PART 1 パス PASS

アンダーハンドパスとオーバーハンドパスには、共通する鉄則がある。
慣れてくるとおろそかにしがちだが、本当はとても大事なポイントである。

鉄則 1 パス練習こそ真剣に

PASSには「手渡す」という意味がある。実際には手渡せないが、それくらいの正確さを目指そう。パス練習は毎日行うので、どう取り組むかで、後々、大きな差となる。「どんなボールを受けても、狙った場所にピタリと、相手の取りやすいボールを返す」と、一球一球を真剣にやると、練習が楽しくなる。

鉄則 2 ボールの下に入り、構える

素早くボールの落下地点に入り、ボールを受ける構えをしておく。

じつはこの「パスの準備」をすることが、正確なパスをする最大のコツだ。ボールを受ける前から、正しいパスができるかどうかは、決まっているのである。

パスの絶対鉄則

鉄則 3 体に余計な力を入れない

パスは力み過ぎるとコントロールできなくなるので、力の加減をうまく使って自在にコントロールすることが大事。

そのためにはリラックスすることだ。たとえば、チャンスボールを受ける時に「チャンス」と声を出すが、これは大きな声を出すことで、息を吐き、力みをとることにもなっているのである。

鉄則 4 ボールを送る方向は、体の向きで調整する

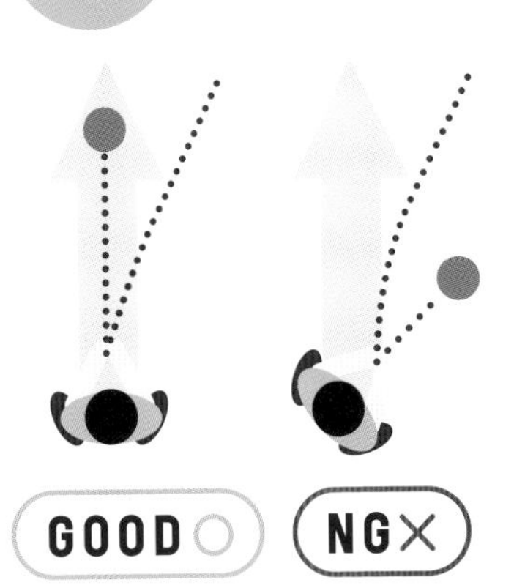

腕を振ってボールの方向を操作しようする人がいるが、これは大きな間違いだ。「ボールを送る方向＝体の中心の向き」。この鉄則を体に染み込ませることで、パスの精度は格段に上がる。コツは、つま先の方向を返球したい方向に向けることだ。すると、体の中心は自然とその方向へ向く。

これが身に付くと、入射角と反射角の微調整ができるようになり、どんなボールがきても、体勢が崩されても、対応できる。

PART 1

アンダーハンドパス

バレーボールで最も使うプレー

構えの姿勢からボールへのアプローチ　**ボールの捕らえ**

❶軽く足を開き、中腰で構えて向かってくるボールに反応しやすい「構え姿勢」を取る
❷ボールの落下位置を早く見つけてボールの下へ入り込むようにする
❸始めに作った「構え姿勢」のままボールの落下位置に入る
❹早めに組手を作り前重心で捕らえに行く

ボールに入るまでの体勢

組手を先に作っておき、ある程度肘を伸ばしながら
ボールの落下位置に入ることで、
ボールとの距離感が自然につかめるようになる。

正しいパスの動き　アンダーハンドパスは、胸から下のボールや速いボールに対処する技術だ。ボールの軌道に合わせて膝を曲げて、送り出す方向へ膝を伸ばしながらボールを捕らえよう。ボールを「打つ」のではなく、「体全体で運ぶ」ようなつもりでやるのがコツ。

動画でチェック！

ボールの捕らえ方と送り出し方

⑤腕を下げ過ぎず、ある程度挙上してボールを捕らえる

⑥体の中心で捕らえる。組手の中心でボールを捕らえる

⑦片脚を前にして踏み込み、膝の屈曲伸展でボールを運ぶ

⑧ボールを打つのではなく、一連の動きを力み過ぎず柔らかく行い、ボールを運ぶようにする

ボールの運び方と体勢

ボールを左方向に運ぶときは右足が前、右方向に運ぶときは左足が前。どちらでも、モデル選手のように、同じ姿勢とタイミングでパスをできるようにしよう。

CHECK!
アンダーハンドパス

基本姿勢

準備

どんなボールがきても反応できるよう、軽く構える。この時点では、手は組まない。体はボールの方向に向けておく。

顔

ボールを上目づかいで見る。アゴを引きすぎると、首の筋肉が硬くなり、体全体に力が入ってしまう。パスは全身のバネを柔らかく使い、ボールをコントロールするので、硬くなる姿勢は極力さけたほうがよい。

膝

「膝を曲げよう」と意識するのではなく、重心を安定させるために腰を落とし、自然に曲がる感じでよい。このとき、膝はつま先より前に出るのが理想的。体が後傾するする人は、膝がつま先より後ろにきてしまう。すると、ボールに正しく反応できないし、ボールを前に送れなくなる。

構え

両足をやや前後させ、肩幅か、それより少し広めに足を開く。足幅が狭すぎると、重心が高くなって体のバランスが不安定になり、ボールをコントロールできなくなる。

重心

足の親指側に体重をかける。両足のかかとは少し上がってもいい。ムリにかかとを上げようとせず、自然な動きができる姿勢がよい。

自己点検してみよう

ボールを捕らえる位置

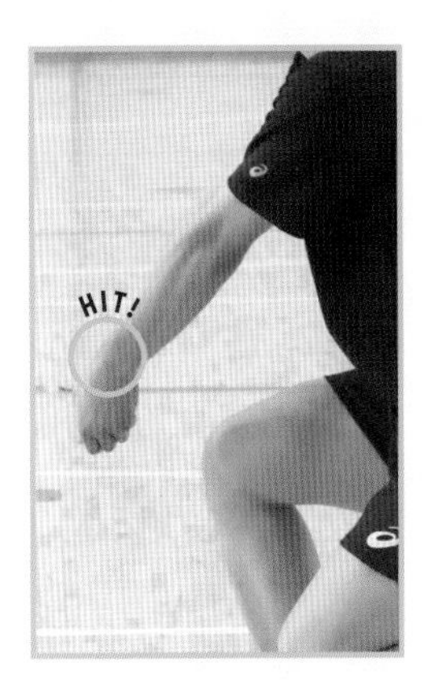

両肘はまっすぐに伸ばし、両ワキはしめる。腕全体を絞り込むようにすると、ボールが当たる面積が広くなる。手首の近くの、骨がまっすぐな部分が、最も平らで、ボールが正確に返りやすい。どこにボールがきても、このポイントにヒットするようにする。

手の組み方

両手のひらを重ね合わせ、親指をそろえる。人差し指を出して組む人がいるが、これは危険。低いボールを取る際に床に指が当たったり、指にボールが当たったりして、突き指や骨折の原因になる。

ボールへの入り方

肩の力を抜き、腰の高さを変えずに移動して、素早くボールの下に入る。腰の高さが変わると、目の位置も変わり、ボールを正しく捕らえられなくなる

ボールを捕らえる前に、入ってくる角度（入射角）と、返したい角度（反射角）を考えて、その角度で手を組み、ボールを待つ。組んだ手を〝板〟のようにイメージし、そこにボールを呼び込んで当てる感じにするとよい。

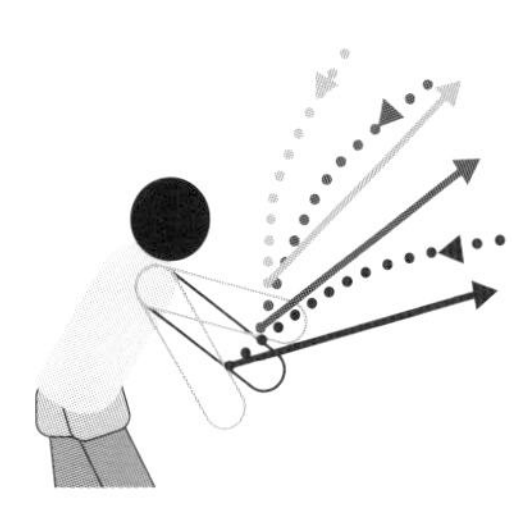

Let's try!
アンダーハンドパス

1 直上に上げてお腹の前でキャッチ

狙い 肘を伸ばした状態でボールを捕らえるという感覚の第一歩。腕を伸ばして捕らえるという経験が少ないため、体の位置関係を覚えるにはよい練習だ

肘を伸ばしてキャッチしよう

2 前からくるボールをキャッチ

狙い 腕を曲げて胸のところでキャッチすることはできるが、腕を伸ばした状態で、お腹の前で捕らえる感覚をつかむ

GOOD○

落下してくるボールを手で追うのはNG

お腹の前でスパッと捕球する。このとき、膝も少し曲げ、最後までボールを見る。

効果的な練習法

3 前後左右に動きながらキャッチ

投げる人に、左・右・前・後に投げてもらい、それをお腹の前でキャッチする。「移動してキャッチ」の形をつくる練習なので、簡単に捕れるボールでよい

素早く移動して、捕球姿勢をつくり、お腹の前でスパッと捕球する

4 パスの姿勢でボールを腕に当てる

前からくるボールを腕に当てて、ポトンと落とす。「腕に当てる場所」と「腕を振らずに捕らえる」の2つを意識する練習なので、ムリに返そうとするのはNG

Point

ボールを捕らえる前にパスの姿勢をつくる

指先や肘の近くではなく、骨がまっすぐになっている位置に当てる。当たる位置が悪いと、横にポトンと落ちる。正しいと前にポトンと落ちる。

Let's try!
アンダーハンドパス

5 パスをポンと返してみる

前からくるボールを、ポンと返してみる。腕を振らず、足の屈伸で返すことを意識しよう。相手に届かせようとして、腕を振ってしまうのはNG。体を相手に向け、まっすぐボールが出ればOK

Point 落ちてくるボールとタイミングを合わせて、膝の曲げ伸ばしができるかどうか。タイミングがずれると、腕を振ってボールを飛ばすことになってしまう。写真は、腕を振らず、膝の屈伸でボールを運べているのでGOOD! しかし、少し膝を曲げすぎかも。脚力がない初心者は、動けなくなる恐れがある。ムリな姿勢より軽快に動ける姿勢がよい、と私は考える。

6 山なりでフワッと投げて、片手で出す。

狙い 「片手を出すな」と言われるが、この練習は「膝の使い方」と「体の中心でボールを捕らえる」という感覚をつかむためのもの。右と左、両方ともやってみよう。

Point 体の中心で捕らえるようにする
体の外側で捕らえるのはNG

効果的な練習法

7 パスを相手に返してみる

前からくるボールを相手に返す。ボールを捕らえる前に構えをつくり、膝の屈伸を使ってボールを運ぶことを意識しよう。

Point

キャッチから徐々にステップアップしていくことで、ボールを捕らえる位置、膝や体を使う感覚ができてくる。最初からパスをすると、肘が曲がったり、手を振ったり、悪い癖がつきやすい。

ステップアップ・アドバイス！

アンダーハンドパス

タイミングの計り方

- ☑ 落ちてくる、向かってくるボールの速度を把握する
- ☑ 落ちてくるボールと送り出そうとする膝の伸展の動きのタイミングを合わせる

コントロールのつけ方

- ☑ 左右の腕や手に入る力を同じにする
- ☑ 飛ばす先までの距離を考慮して構えた際の腕の角度を工夫する
- ☑ ボールを送り出す方向へ足を踏み出し、その足へ重心を移動させるようにする

距離が近い場合

距離が遠い場合

応用編

ボールへの力の伝え方

- ☑ 基本的には腕を振ることではなく、足の踏み出す勢いと、それを膝の屈曲伸展で伝えるようにする
- ☑ ボールを送り出したあとに一歩そのまま出る感じでボールへ力を伝える
- ☑ 腕はあまり振ろうとしない
- ☑ 力みの程度によりボールがどのくらい飛ばせるのかを知っておくと、ムリに力んだり、腕を振ることが少なくなる

オーバーハンドパス

ボールをコントロールしやすいパス

ボールの捕らえ

❶ボールの軌道を見て、大まかに落下位置を予測して、その付近まで移動する

❷両腕を挙げた構え姿勢を早めに取り、小刻みに移動しながら、
最終的な位置へ合わせる

❸アゴを引いて、上目づかいでボールを見るようにする。両手の間からボールを見て、
微調整しながら位置を合わせる、この時点で構えを完成しておく

❹この時点で、ボールに当たりに行きたくなるが、タイミングを合わせるようにする。
上を向きすぎて、アゴが上がらないようにする

ボールを受ける前に、完全に構えが完成していること。そのためには、まずは大まかに移動し、その後、小刻みに移動しながら、微調整して位置を合わせていく。

動画で
チェック！

正しいパスの動き　オーバーハンドパスは、肩よりも高いところにきたボールに対処する技術だ。アンダーパスに比べ、ボールの高さや速度もコントロールしやすく、正確性もある。セッターが上げやすいボールを出すことで、攻撃力はぐんと高まるだろう。ただし、フォームが崩れるとボールは不安定になるため、正しいフォームを身に付ける必要がある。

手首の返す動き

下半身と上半身、上肢の連動性

5 6 7 8

⑤ボールの下に体の中心がくるようにし、頭よりも高い位置で捕らえる。
このときボールと手と目が一直線になるようにする

⑥左右の手が同調して動くようにする

⑦ボールをはじく際には両方の手のひらを外側に向けるように使う

⑧膝、肘、手首、指の動きが連動するようにする。
はじいた動作の流れのまま肘を伸ばしきってボールを運ぶようにする

パスをする前に、じつは〝パスの成否〟はほとんど決まっていると言っていい。ボールが手に入ってきたら、後は、全身を使ってはじき返すだけだ。

CHECK!

オーバーハンドパス

基本姿勢

準備

どんなボールにも対応できるよう、リラックスして構える。写真は、ボールの方向に向かって素早く一歩目を踏み出した状態。

顔

ボールを上目づかいで見る。両手の間から見るようにするとよい。アゴを上げないのが鉄則だが、高いボールに対しては、自然に上がってしまう。ムリに「アゴをあげない」と意識するのではなく、手の位置を体に覚え込ませるのがよい。

構え

(前腕の開き方は個人によって異なるが)ボールをしっかりと受け止められるよう「八」の字を作り、力みすぎないのが理想。手の位置は、アゴや鼻の前ではなく、頭の上に構える。

足

(足の開き方も個人や状況によって異なるが)基本的には、肩幅か、それよりもやや広く開き、どちらか一方の足を前に出す。
遠くに飛ばす場合は、写真のように、ボールを受けるときに足を揃えるとよい。

重心

親指側に体重をかける。両足のかかとは少し上がってもいい。膝は下半身のバネを生かせるように軽く曲げ、上体はまっすぐに保つ。ボールを捕らえる際には後傾しないようにする。

自己点検してみよう

手の構え と 手首、指の使い方

手の形

正確にボールをコントロールするためには、両手でボールがすっぽり入る茶碗のような形をつくるとよい。

手首

力を入れず、手首のやわらかさを生かしてボールの勢いを吸収するような感じで。

手の位置

高さは頭の上、位置は顔の前。ボールに対応できるよう、肘を軽く曲げた位置に自然にくるのが理想。

肘

肘を開きすぎると、両手の親指が下を向き、ボールがこぼれてしまう。手のひらで茶碗の形を作ったときに、自然に開く形でよい。

第二関節まで触れる

指先だけでパスをするのではなく、指の第二関節まで触れるようにすると、安定感が出るし、ケガもしにくくなる。
突き指は、第一関節までしかボールに触れていない場合に起こる。

よいパスはボールが回転しない

よいパスはボールが回転しないが、それは次のような条件をクリアできたときだ。
①両手でボールを包み込むように受ける
②両手がボールに触れるタイミングが同じ
③両手の力加減が同じ、同じ動き
力むと筋肉が硬くなり動きにむらが出る。リラックスしておくことが重要なのだ。

Let’s try!
オーバーハンドパス

1 1本指でドリブル

両手の１本指で、ドリブルをする。親指→人差し指→中指→薬指→親指と、順番にやっていこう。指と手首を同時に動かし、ポン、ポンとはじいていこう。感覚を作る第一歩になる。

両指で均等にできていればOK

2 頭の上で、片手でパスをする

ボールが片手に乗るような形（茶碗）をつくり、直上にパスをする。手首を固定する感じでやるとうまくいく。利き手だけでなく、反対の手でも同じように行う。ボールをしっかり捕らえ、まっすぐ送り出す感覚をつくる第一歩になる。

ポン！ポン！とはじく感じで。ボールに負けて、手首がぐにゃんと曲がらぬよう固定する。ボールは回ってもよいが１回転半くらいにとどめよう。
くるくると回るのは、ボールを第一関節で捉えたり、手首を正面方向に返しているときだ。体の中心（頭の真上）で捉え、第二関節までボールに触れて、真上にまっすぐはじくと、ボールは回らなくなる。

効果的な練習法

3 頭の上で、両手でパスをする

2でやった「片手でパス」を今度は、両手でやってみよう。ボールを捕らえ、送り出すという感覚と、両手の指ではじく感覚をつくる第一歩になる。

Point

指を立てて、お茶碗でボールスッポリ受け、それをはじき出すような感じでやるとよい。写真は、手が茶碗型ではなく、平たくなっているため、全部の指をうまく使えていない。

4 キャッチしてから出す

頭の上で両手でボールをキャッチし、真上にまっすぐ出す。それをキャッチして、真上にまっすぐ出す。これをくり返す。キャッチするときは膝を曲げ、出すときは膝と手を同時に伸ばしていく。慣れてきたら、キャッチしている時間を短くして、すぐに出すようにする。少しずつキャッチの時間を短くし、最終的にはポン！ポン！と、はじくようにする。手首、腕、上半身、下半身を連動して、ボールをはじく感覚をつくっていく練習。

両手の指を使ってボールを包み込み（茶碗の中に入れ）、十指と腕、膝の動きのタイミングを合わせながら、ボールを出す。キャッチの時間を短くすると、手がバラバラに出たりするが、均等に捕らえ、均等に出す、ということを意識する。

Point

Let's try!
オーバーハンドパス

5 チェストパス

バスケットのチェストパスをしてみよう。パスをするときに、しっかり手首を外側に返して、勢いのよいボールを出そう。腕と手首が連動する感覚をつくることができる。まずは、胸の高さからパスを出す。

慣れてきたら、頭の高さからパスを出す。

Point 両手を均等に使い、少し大げさに手首を返す。とくに膝を意識しなくていいが、勢いよくパスを出そうとすると、重心が前に行き、自然に膝を使える。こうして、少しずつオーバーパスの形に近づけていく。

6 座ってパスをする

長座した状態でオーバーパスをする。これは、足を使わず、手だけでボールをはじく感覚をつかむための練習だ。投げる側は、ふわっとしたボールを出してあげよう。

Point オーバーハンドパスには「ドリブル」という反則がある。ボールを正しい位置で捕らえ、左右両手で均等にはじくことでドリブルは防げる。最初からパスをすると「はじく」という感覚がわからない。手の動きに限定した強調動作で「はじく」という感覚がつかめるようになる。

効果的な練習法

アンダーとオーバーに共通した効果的な練習方法

写真では、オーバーハンドパスの動きを撮影したが、ここから紹介する練習は、アンダーでもオーバーでも、どちらにも効果的な練習方法だ。最初は簡単なことから始めて少しずつ難易度を上げていくことで、正しい動きが身に付いてくる。

1 短い距離でパス

3メートルくらい離れ、相手が下から投げたボールを同じような軌道のパスで返す。

Point 先ほどまでやってきた「分解練習」のポイントを思い出して、パスをしてみよう。アンダーもオーバーも、手だけでなく、足、腰、腕など、体全体を連動させて動くことがポイントだ。

Let's try!
オーバーハンドパス

2 落下位置を見定める練習

高く投げたボールを、ワンバンドさせて、落下位置に入ってパスをする。

3 近くで受けて遠くに返す

次は３人組で練習だ。近い人が下からボールを出し、パスをする人は、遠い人に返す。

4 遠くで受けて近くに返す

次は、遠くの人がボールを出し、パスをする人は、近い人に返す。意外に難しいぞ。

受けるときには強い負荷がかかり、その力を受け止めつつ、吸収してはじき返す。力の入れ具合を調整するのは、とても難しい。力を抜くとボールが抜けてしまうので、正しい位置で正しく捕らえて、正しくはじく、ということがとても重要なのだ。

効果的な練習法

Point

パスは、位置の見定めとパスをする前の準備が重要だ。位置は瞬時に確定できないので「予測の足」を始動させ、ボールの軌道を見ながら確定していく。この「予測の一歩」が非常に重要なのだ。
「ワンバンドなんて簡単」と思うだろうが、じつはこの練習、「脳と予測の足」の回路をつなぐには、とても効果的なのである。

④位置の確定とパス準備の完成　⑤パスを返す　⑥事後動作

Point

もらうボールは、近い距離で負担が少ないが、出すボールは遠くに飛ばすので、力が必要。つまり、入力は簡単にして、出力に負荷をかけた練習だ。捕らえる位置、膝、肘、手首、指など体全体が連動しないと飛ばない。

Let's try!

オーバーハンドパス

5 目印を置いてパスを返す

アンダーもオーバーも、パスは正確に返すことが目的だ。そのためには、落とす位置を意識することが大事で、これはコントロールの感覚をつくる第一歩となる。
目印は何でもいいが、今回はタオルを使ってみた。

Point

正確な位置に落とすには、目標の距離まで飛ばす力加減も大事だが、左右を均等に同調させてできているか、というのも大きなポイントになる。
アンダーパスの場合は、左右ともに、体を目標に向けているか、ということがポイントになる。「短いパスだから簡単」と思って、このような練習をいい加減にやると、長い距離ではできなくなる。

5 前後左右に移動してパスをする

構えて位置に対して、前後左右にボールを投げる。それを追いかけ、しっかりとボールの下に入り、パスで返す。

効果的な練習法

素早く落下位置に入ることで、準備の体勢をつくる時間ができ、狙って返すことができる。ボールに合わせてぎりぎりに動くのではなく、ボールの落下位置を見定めて素早く動くのだ。どの方向に移動しても、ボールと自分の位置関係を同じにしておくこと。ほんのわずかでも移動が遅れると、位置関係がずれてボールのコントロールが乱れ始める。

人間には得意な方向と不得意な方向がある。そして不得意な方向に動いたときに、ブレが生じやすい。素早く移動して、準備をしたり、構えたりすることで、主動作の余裕を生み、ブレを修正する時間を生むことができる。「基礎が大事」とよく言うが、主動作だけでなく、むしろ準備の時間にその大事さがある。

ステップアップ・アドバイス!

オーバーハンドパス

力の入れ方・伝え方

- ☑ 片脚を踏み出し、踏み出した足に重心を移動させながらボールをはじく
- ☑ ボールが落ちてくる時は勢いがついているので、捕らえる瞬間は指に勢いに負けない程度の力を入れる
- ☑ すべての指がボールに触れると力が伝わりやすい
- ☑ ボールへ当たりに行かない

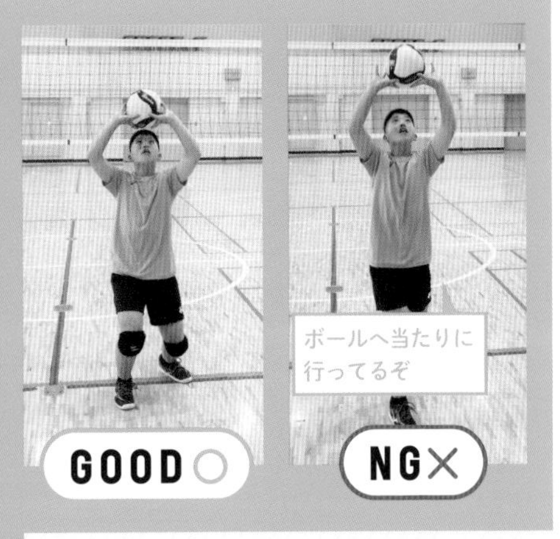

手首と肘の動きの連動性

- ☑ 肘の曲げ伸ばしと手首の屈曲伸展を連動させていく
- ☑ はじいた動作の流れのまま肘を伸ばしきる

手首を中心とした手の動き

- ☑ 落ちてくるボールにタイミングを合わせ、ボールを一度引き込むようにする
- ☑ ボールを引き込んで勢いを吸収したらすぐにはじく動作に入る

NG×
もう少し引き込めるぞ

応用編

ボールの捕らえ方と送り出し方

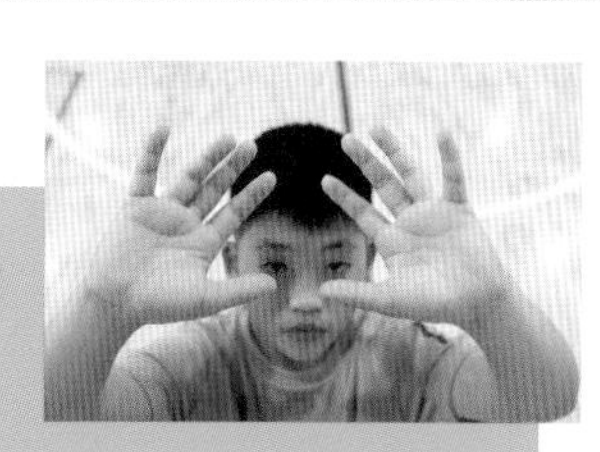

- ☑ ボールを引き込むように捕らえるが、持つことはない
- ☑ ボールを捕らえる瞬間に力を入れすぎない
- ☑ 返す方向や軌道を意識してその方向へ力を働かせる
- ☑ ボールの落下位置に入る際に手の形が変わらないようにする

ボールをはじく際のポイント

- ☑ 片脚を踏み出し、踏み出した足に重心を移動させながらボールをはじく
- ☑ 打つのではなくボールを引き込んではじき出すようにして反動を使う
- ☑ ボールを一瞬、受け止める局面(緩衝動作)はあるが、タイミングを計りながら、一瞬ではじく
- ☑ 手首を少し立てるようにすると、はじくという動作のリズムがつかみやすい

タイミングを計る

- ☑ ボールに当たりにいかないが、そのままの体勢で待つと、ボールの勢いに負けてしまう。そのため、タイミングを計りながら、ボールを受ける直前に、膝を伸ばしていく。ただし、手首は、ボールの勢いを吸収するように引き込む
- ☑ そして、膝を伸ばした勢いを利用して、手首を返しながら、膝と肘を伸ばし(体全体を使い)、一気にはじく

PART 2 レシーブ RECEIVE

レシーブは、大きく分けると２種類ある。サーブレシーブ(RECEPTION)とスパイクレシーブ(DIG)だ。この２つには、共通する鉄則がある。まずは、それを頭に入れておこう。基本的には打球は身体の正面(できる

鉄則1 ボールを打たれる前から、構えの姿勢をとっておく

近年ではサーブが高速化している。スパイクもサーブも、打たれてから構えているようでは、到底間に合わない。打たれる前に準備を完成させておき、後はボールに瞬間的に反応するだけ、という心構えが必要だ。ただし、ガチガチに力まないこと。リラックスした構え姿勢を取り、打球がきてもそのまま力まずボールを捕らえること。

鉄則2 一歩目の反応が重要

打たれた瞬間、あるいは打たれる直前に反応して動き始める。この「一歩目」が何より重要だ。正しく反応するには、経験も必要だが、毎日の練習で、一球一球、どんなボールにも反応する、という心構えでいること。たとえば、仲間のスパイクやサーブのボール拾いをしているときにも、意識して一歩目の反応を速くしてみよう。

レシーブの絶対鉄則

限り中心)で捕らえることがポイントです。正面で捕らえようとすることで捕らえ損じが少なくなります。さらにそうすることで、返球方向の狙いがつけやすくなりレシーブコントロールが良くなります。

鉄則 3 できる限り構え姿勢や組手は崩さない

極端なことを言えば、体勢が崩れても、組んだ手の「面」がしっかり残っていれば、ボールはその方向に返っていく。だが、やはり体勢が崩れたら、「面」も崩れてしまうし、次の動きもできなくなる。バレーボールは「ボールを落とせない」「ボールを持てない」という〝つなぎ〟の競技のため、プレーの際に姿勢を維持することは、鉄則なのだ。

鉄則 4 どんなボールでも返す気構えが大切

「そんなことは当たり前」と思うだろうが、相手が強かったり、緊張する局面になったりすると、〝弱気〟になりやすい。すると〝気遅れ〟して、体の反応がわずかに遅れてしまう。0.00何秒のわずかな遅れが、レシーブの失敗につながってしまう。単なる根性論ではなく「絶対に落とさない」「どんなボールも返す」という気迫と気構えが、反応速度を上げるのだ。

サーブレシーブ(RECEPTION)

勝敗を左右する重要なプレー

構え姿勢からの打球へのアプローチ

❶ボールが打たれる前から構え姿勢を取っておく

❷サーバーの目線、つま先の方向、癖や得意なコースなどから、球質やコース、落下地点を予測し、一歩目の動きを始める

❸目線の高さを変えないように構えた姿勢のまま打球の軌道に入る

❹ボールの正面ではなく、下側を見るようにする

正しいサーブレシーブの動き

サーブレシーブは、いろいろな種類のボールが飛んでくるため、ミスをすることが多いプレーだと言える。たとえボールを落とさなかったとしても、セッターにうまく返球できなければ、攻撃力は低下する。地味ではあるが、勝敗を左右する重要なプレーだということを胸に刻んでおこう。

ボールの捕らえ方と送り出し方

⑤体やレシーブ面をセッターの方向へ向ける

⑥ボールを捕らえ送り出すときは移動を止めてプレーする。打球にぶつかっていくようなアプローチにならないようにする

⑦ボールを送り出す際には膝の屈伸の力を中心にすると、あまり腕を振らずにボールを送り出すことができる

⑧ゆるい速度のサーブがきたときはセッターに向かって腕を多少振りながら送り出すことも必要になる

ボールを左方向に運ぶときは右足を前、右方向に運ぶときは左足を前にするのが理想。どちらもできるようにするには、はじめはゆるい速度の打球で練習するとよい。

CHECK!

サーブレシーブ(RECEPTION)

基本姿勢

準備

どんなボールがきても反応できるよう、軽く構える。この時点では、手は組まない。体は、ボールが向かってくる向きと送り出す向きの中間ぐらいの方向に向けておく。

顔

上目づかいでボールの下側を見るようにする。

つま先

つま先と手の面をセッターに向ける。姿勢は安定させるのが理想だが、ボールの速度や変化に合わせるので、乱れるときもある。そんなときでも、前腕の面だけはしっかりセッターに向ける。

構え

両足をやや前後させ、肩幅か、それより少し広めに足を開く。ボールに合わせて移動しながら、体と面をセッターに向けていく。

重心

できる限り構え姿勢を維持することで、安定した姿勢でボールを迎えることができる。サーブは変化するので、体や目線が上下左右にゆれないよう、姿勢をキープする。

自己点検してみよう

体の横で捕る

スピードの速いボールや高い軌道のボールを体の横で捕る場合は、ボールの勢いに負けないように、腰と膝の伸ばし具合で、体の力加減を調節する。前腕の面をしっかり向けられるよう、全身を使う。

捕らえる位置は肩より前

速いボールなどに差し込まれても、肩より前で捕らえれば、ボールは前に返球できる。どんなに差し込まれても、必ず肩が開かぬようにする。写真の位置くらいが、ボールを捕らえる最終ラインと考えよう。

Point ボールの正面に入っても、受けたときに腰が引けていると、力がうまく伝わらず、ボールをコントロールできない。写真のように、腰がピタッと決まっていれば、自然にボールは正確に返っていく。

Let's try!

サーブレシーブ（RECEPTION）

1 長いボールを近くに返す

最初は3人組で、手で投げてもらったボールをレシーブしてみよう。長い距離のボールを捕らえて、短い距離で狙いをつけて返す。ボールをはじき返す際の力の入れ方や、狙いをつける感覚をつくるのによい練習だ。

2 前方のボールをレシーブ

次は2人組で。前方にボールを出してもらい、移動してレシーブして、相手の頭に返す。移動して、体勢をつくり、狙いをつけて返す練習だ。

効果的な練習法

Point 構えをつくり、ボールを待ち、狙いをつけてボールを送る。手の角度を考えながら、膝を伸ばす力を利用してボールを運ぶ。絶対に肘から先でコントロールしようとしないこと。体をまっすぐに使って運ぶことを意識しよう。

Point 膝をうまく使ってボールを返す。近い場所に返す時は、手の角度は上向きにして、膝を真上に伸び上がる感じだ。

Let's try!

サーブレシーブ（RECEPTION）

3 後方のボールをレシーブ

後方にボールを出してもらい、移動してレシーブして、相手の頭に返す。早めに下がって、構えをつくらないと、ボールにうまく力が伝わらず、相手に届かない。

4 横方向のボールをレシーブ

肘を伸ばした状態でボールを捕らえるという感覚の第一歩。腕を伸ばして捕らえるという経験が少ないため、ボールと体の位置関係を覚えるにはよい練習だ。

左

効果的な練習法

Point 早く下がってしっかり構えをとると、ボールを送り出す時に、膝を十分に使うことができる。ボールを受けた後も手をしっかり残そうとすることで、小手先だけでのレシーブにならずに済む。

Point 右方向に返す時は左足が前、左方向に返す時は右足を前にするのが基本だが、写真の中学生はよくできている。体を目標の方向に向けることで、手でボールを操作しなくて済み、レシーブの正確性が高まるのだ。

右

Let's try!

サーブレシーブ(RECEPTION)

5 ネット越しのサーブレシーブ

近くからでいいので、下から打ったボールをレシーブする。腕を振らず、足の屈伸と踏み出した勢いでボールを運ぶ。

Point

腕を振ってボールを操作するのではなく、膝を伸ばした勢いで、まっすぐに返す。

効果的な練習法

6 ボールの質、距離、速さを変えてサーブレシーブをする

サーブレシーブのフォームが固まり、返球が安定してきたら、少しずつ難易度を上げていく。たとえば、次のようなバリエーションを持たせるといいだろう。

①逆回転※のアンダーサーブをレシーブ

②逆回転のフローターサーブをレシーブ

③短い距離のフローターサーブをレシーブ

④少し距離を伸ばしたフローターサーブをレシーブ

⑤エンドラインから打つアンダーサーブをレシーブ

⑥エンドラインから打つフローターサーブをレシーブ

⑦ドライブサーブをレシーブ

⑧速度のあるフローターサーブをレシーブ

などだ。

最初は軌道が安定し、球速の遅い状態でしっかり捕らえられる練習をしてフォームを固め、打球を捕らえる感覚を養うことが大切だ。最初から難しいレシーブをするのは、逆に上達の妨げになる。しっかりボールを捕らえ、正しく運ぶという感覚を身に付けることが一番大事なのだ。

※逆回転は軌道が安定し、落ちてきにくいため、構えを作る時間があり捕らえやすくなる

ステップアップ・アドバイス!

サーブレシーブ(RECEPTION)

コントロールのつけ方

☑ 身体やレシーブ面をセッターの方向へ向ける

☑ ボールが向かってくる向きと送り出す向きの中間ぐらいに身体の向きを取る

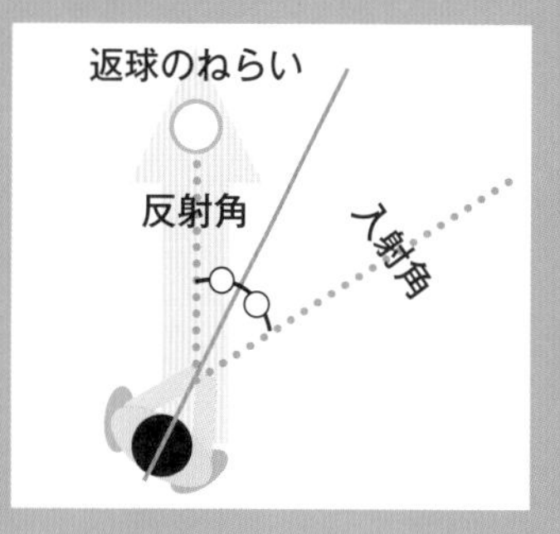

勢いのあるサーブの打球の捕らえ方

☑ ボールを引き込むように捕らえるのではなくしっかりと踏み込んで上方へボールを送り出すようにする

応用編

☑ 打球速度が上がるほど腕を振ったり、逆に引いて引き込んだりしがちだが、速い打球ほど下半身の踏み込む動きを利用する

☑ 力まず大きな的をもって打球に対応するような感覚にする

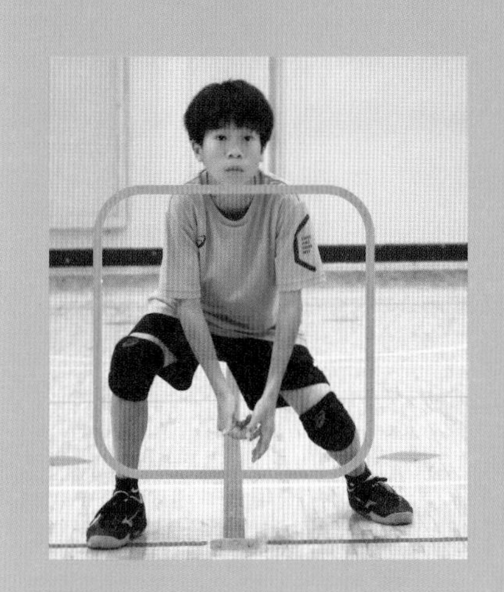

視野の使い方

☑ 周辺視野を広く保ち、向かってくるボールと捕らえる腕、そして送り出す先を捉えるようにする。ボールを「点」と認識するのではなく、向かってくる「線」を「面」で受け、はね返すようにイメージするとよい

スパイクレシーブ（DIG）

腕だけでなく体全体で受け止める

構え姿勢からの打球へのアプローチの仕方 ＞ **打球への反応**

❶リラックスして構え姿勢を取る
❷打球がきても力まずボールを捕らえる気持ちで
❸狙って返球するという意識はあまり必要ない
❹アゴを引き、ボールの正面に顔を入れる感じで動く

リラックスした構え

強い打球がくると思うと上半身を起こし、後傾姿勢になってしまうことがある。そうならないように、できる限りリラックスして構えることが大切だ。

正しいサーブレシーブの動き

スパイクされたボールをレシーブする技術。「強い打球がくる」と身構えすぎると、フェイントや軟攻に対応できなくなる。リラックスして構えておくことが大切だ。腕だけを動かそうとしても、スパイクボールはレシーブできない。体全体で受け止めるつもりで動いてみよう。

ボールをとらえた時の姿勢　受けた後

❺瞬間的に、打球の軌道に組手で作った面を出す

❻打球の勢いがあっても、できる限り構え姿勢や組手を崩さない

❼勢いのある打球を受け止めるため下半身でしっかり踏ん張る体勢を取る

❽ボールを捕らえる際はほとんど腕を動かさない
（受けた後も動かさないようなつもりでいるときれいに上がる）

組手の力加減

強い打球の勢いを殺そうとして、ボールを捕らえる瞬間に腕を引いたり、組手を離したりすることがあるが、これはコントロールが乱れる大きな原因になる。打球の力の吸収は体全体や、組手をつくる際の力加減で行うとよい。

CHECK!
スパイクレシーブ（DIG）

基本姿勢

ヒットするときの構え方

強く速いボールがくるので、力まずに構えて、ボールに自然に反応できるようにする。

顔

アゴを引き、上目づかいで見る。アゴが上がると、ボールから目が離れ、両手で作った「面」でボールを捕らえられない。

腕

腕を動かして捕ろうとすると、速いボールには捕らえがずれる。腕も含めた全身でボールを受け止めるように動く。

重心

ボールをしっかり受け止められるよう、重心を落とす。

よく「ボールが手に当たる瞬間まで見ろ」と指導されるが、実際にそれをするのは無理だろう。見ようとしすぎると、筋肉が固まって動かなくなる。「手に当たるまで見るつもりで、体をボールに近づけろ」という意味だと思うといい。

自己点検してみよう

ボールを捕らえる際の姿勢

レシーブする瞬間は、移動の途中であっても、必ず両足でピタッと止まり、体を止めた状態で受ける。動きながらのレシーブは体のバランスが崩れ、ボールも返らなくなるからだ。止まった状態から移動し、打球の軌道に入り移動を止めて、ボールを捕らえてくことで安定してディグになっていく。

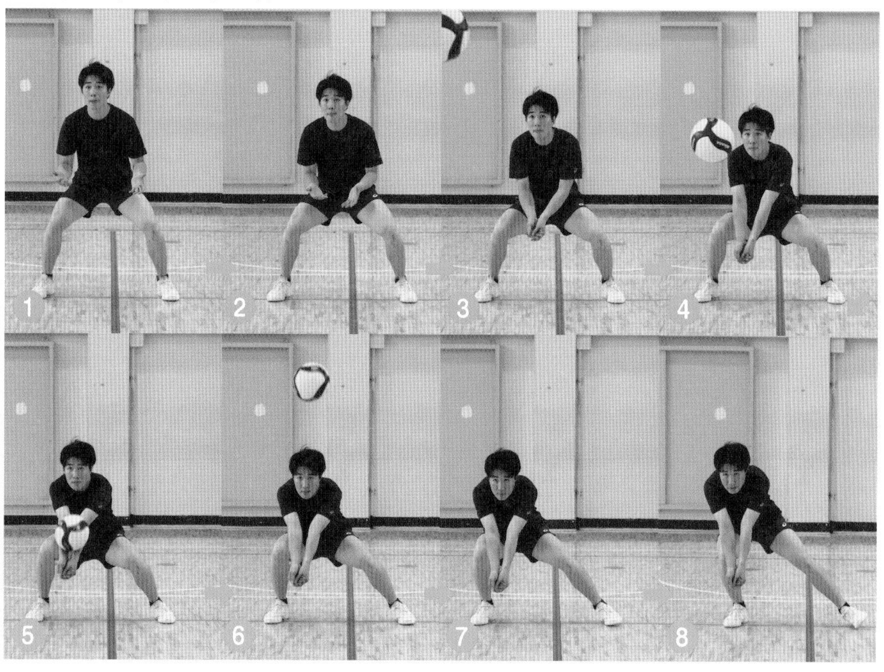

Point

ディグは、派手なプレーのような印象があるが、基本的には、体はそれほど大きく動かさず上げるものだ。構えている位置の前方に突き刺さる強打や、横に大きくそれる強打は、フライングレシーブや回転レシーブなどを使い、身を投げ出して捕るしかない。それ以外は、ボールの方向に足を踏み込み、組んだ手でボールを止めるようなつもりで捕らえよう。

Let's try!
スパイクレシーブ(DIG)

1 正面に打ってもらいレシーブ

最初は、打ち手がレシーバーの正面に、それほど強くないボールを打つ。レシーバーは、軽くはじくようなつもりで返してみる。

写真のように、腕で捕りに行くと、もっと速い打球がきたときには、ボールと面の当たりがずれてしまい、ボールを外にはじいてしまう。なので、やはり体で受けるような意識をもっておくことが大事だ。横から見た写真でも、腕が一度下がってしまっているのがわかるだろう。

効果的な練習法

2 正面から打ってもらいセッターに返す

次は目標(受け手)を狙って返す練習。打ち手はレシーバーの正面に、それほど強くないボールを打つ。レシーバーはセッターに向かって、グッと一歩踏み込んで返す。

Point それほど強くない打球のレシーブ練習をくり返すことで、「ボールを受けて送る」というリズムを体が覚えてくる。このように、正しい体の使い方をして、少しずつ速いボールになれていくことが大事なのだ。最初から速くて、難しいボールを捕ると、バランスが崩れるし、上手な体の使い方も身に付かない。

Let's try!
スパイクレシーブ(DIG)

3 右や左にきたボールをレシーブ

次は、右方向や左方向に打ってもらい、それをセッターに返す練習。レシーバーはボールがきた方向にグッと体を入れて返す。

Point 腕だけでなく、体全体を打球の軌道に入ることがレシーブの基本。「体の正面で捕れ」と指導されるが、実際には、真正面ではなく、写真のように最後に一歩踏み込んでレシーブすることも多い。だが、体を入れ、手の面がしっかりしていれば、レシーブは上がるのだ。

効果的な練習法

4 前や後ろに来たゆるいボールをレシーブ

強打だけでなく、前・後に落とされるゆるいボールも練習しておこう。強打に備えてガチガチに構えていると、一歩も動けない。リラックスした構えから「一歩目が素早く出せるか」と「しっかりとボールの下に入れるか」が成否のカギを握る。

前方

「前に落とされる」と判断した瞬間、素早く飛び出すことが、最も大切だ。出過ぎたとしても、オーバーパスで捕ればよい。横に落とされたとしても、フライングレシーブでカバーできる。とにかく一歩目を出すことだ。

後方

後方への動きは、味方の誰かが1本目のレシーブをはじいたときが多い。その場合は2段トスが要求されるし、遠くまでボールを飛ばさなければならない。それには全身を使ってボールを送る必要がある。より素早く移動して、十分な構えをとる。

Point スパイクレシーブが難しいのは、強打を構えているところにくる〝軟攻〟だ。守備位置の隙間を狙ったフェイントやチョロンとミートしてくるボールである。

ステップアップ・アドバイス!

スパイクレシーブ（DIG）

力の使い方

☑ 飛んでくるボールに勢いがあるため力み過ぎないようにする

☑ 打たれる前はずっと止まっているのではなく、相手の動きや状況に応じて、位置取りを変えるなど、動いておくことが大切だ

☑ 全身が力んでボールを捕らえる際の感覚が小さくならないようにする

☑ ボールを送るというような意味の力は必要としない。体の前面で捕らえれば、ボールは自然に上がる

応用編

コントロールのつけ方

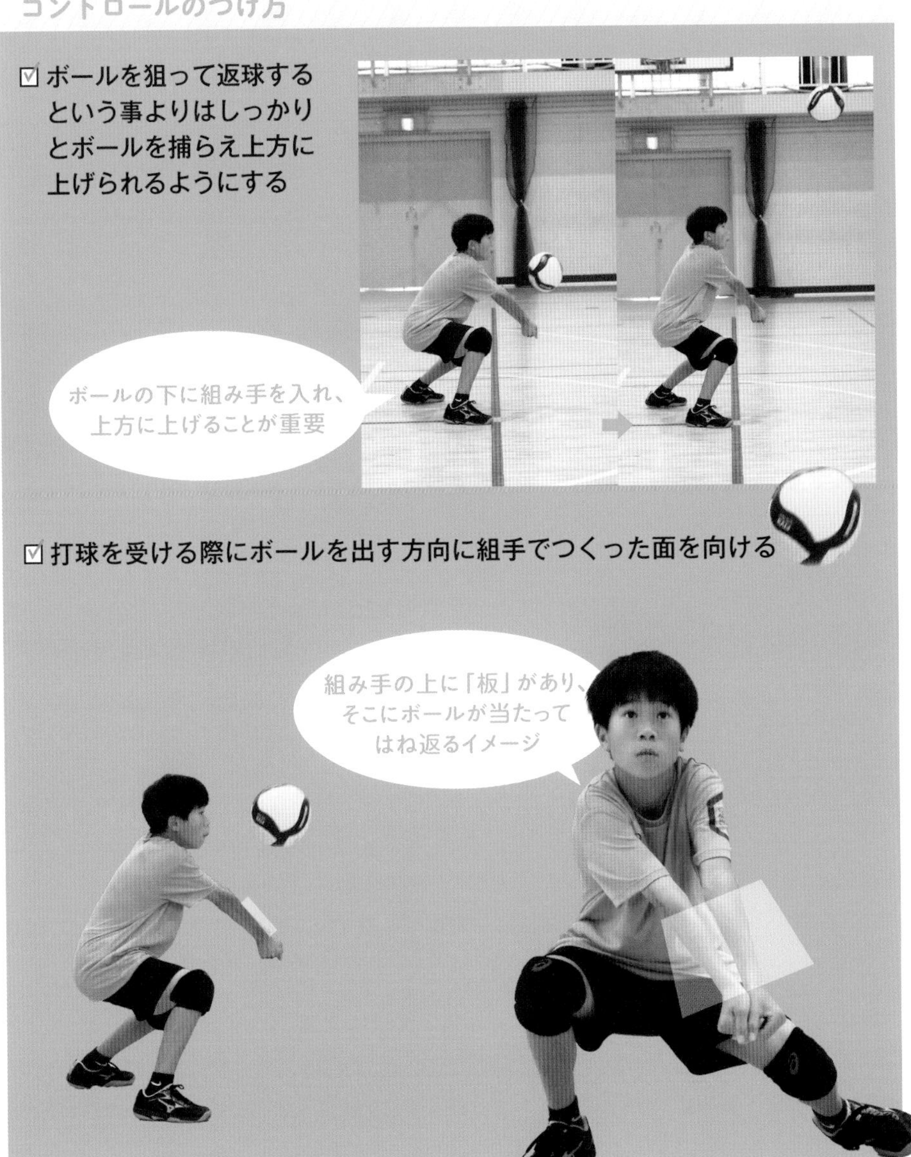

☑ ボールを狙って返球するという事よりはしっかりとボールを捕らえ上方に上げられるようにする

☑ 打球を受ける際にボールを出す方向に組手でつくった面を向ける

PART 3 トス TOSS

トスを上げる役割を担うのがセッターだ。「セッターの良し悪しが勝敗を決める」とも言われる。セッターは多彩な攻撃を仕掛けるだけでなく〝2球目〟を任されているからだ。つまり、チームで最もボールを触る人な

鉄則1 攻撃につなげるのがトス。トスにつなげるのがパス

スパイクを打つ人を「スパイカー」、レシーブをする人を「レシーバー」と呼ぶが、トスを上げる人を「トサー」とは言わず、「セッター」と呼ぶ。なぜか？　それはセッターが「セットをする人」だからだ。「Set」には、一式、組み立て、配置、設定などの意味がある。つまりセッターとは、攻撃を設定し、ゲームを組み立てる役割を担う人なのである。同じオーバーハンドでも「パス」と「トス」は違う。スパイカーが思いきり打てるよう、やさしいボールをセット（置く）するのもセッターの役目なのである。

鉄則2 セッターは基本的にレフト側を向く

セッターがネット際でトスを上げる場合は、体をレフトに向けて立つ。また、コートの幅を2対1に分けた右寄りか、中央に立つのが基本だ。これはレフト、センター、ライトの3か所からの攻撃をしやすくするための位置取りであり、チームの戦術によってガラリと変えてもよい。

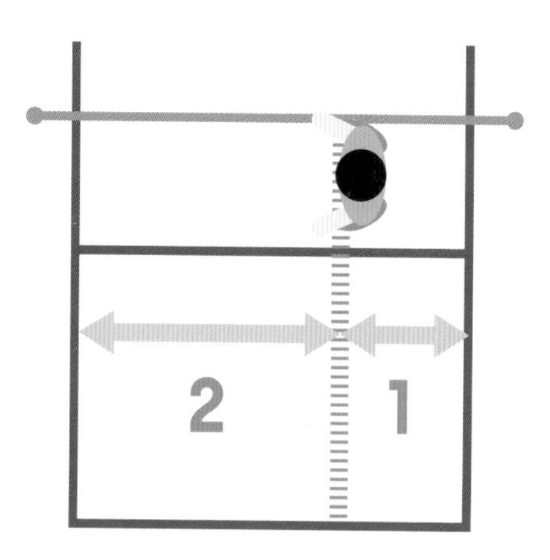

のである。レシーブが多少乱れても、トスで立て直すことができる。そのためには、やはり正しい基礎を身に付け、その上に技術を積み重ねていくことだ。

鉄則3 打ちやすい速さと高さがトスの命

よいトスとは何か？　それはスパイカーが打ちやすい速さと高さでボールを供給できることだろう。各プレーヤーの特徴を把握して、どのタイミングで、どこへ、どんな軌道で、どれくらいの速度のボールをトスすればよいかを知り、正確にそれを再現できるのが上手なセッターだ。もちろん、乱れたレシーブボールを正確にトスにしたり、相手ブロッカーを欺く攻撃を仕掛けたりするのも大事だが、何より重要なのは、打ちやすさなのである。

鉄則4 いつも同じフォームでトスをする

スパイクの基本となる「オープン攻撃」(高いトス)や「クイック攻撃」、「バックアタック」など、トスのバリエーションを増やすと攻撃の幅は広がる。しかし、どこに上げるかを、相手に事前に察知されるようでは、攻撃力は半減する。さとられないためには、いつも同じフォームで上げることが大切なのだ。

上手なセッターは、
いつも同じフォームなので、
どこに上げるかわからない

オープントス

どんな場面でも必要になる基本のトス

ボールを迎える際の動き方 ▶ 送る際の動き方

❶レシーブやパスがくる方向に体を向ける

❷ボールの軌道を見ながら、落下地点に入っていく

❸トスの構えをつくっていく
（体の向きを変えてもボールと自身の位置関係を変えない）

❹ボールが落下するタイミングに合わせてトスを開始

正しいトスの動き

コートの左右の端をめがけて大きな放物線を描くように上げる山なりのトスが「オープントス」だ。高く上げるため、ボールの滞空時間が長く、スパイカーは自分のリズムや打ちたいコースに強打ができる。オープントスをセッターが正確に上げられると、パスやレシーブの乱れもカバーできるため、よいパフォーマンスにつながる。

動画でチェック！

コントロールをつける両上肢の動き　トスを飛ばす全身の同調性

❺両手の中にボールをしっかり迎え入れる（手首、肘は固くせず、柔らかく）

❻ボールの勢いでしなった手首や肘の反発力を利用しながら、膝も使ってボールをはじいていく

❼両手を同調させて動かす（左右の手の力み加減を同じ程度にする）

❽ボールを飛ばす方向に重心を傾けていく（はじいた後も動かさないようなつもりでいるときれいに上がる）

Point 落下点に素早く入る

トスの再現性を高めるためには、どのようなレシーブの返球に対しても判断を早くし素早く落下位置に入ることだ。こうすることで準備が早くなり、トスを上げる動作を一定に保つことができるようになり、トスが安定してくる。

CHECK!
オープントス

基本姿勢

体の向き

オープンスパイクはコートの左右の両端から打つ。このためオープントスを上げる目標地点はアンテナの手前。この方向に体を向けてトスを上げよう。よく「アンテナに体を向けて」と指導されるが、それではネットに近寄りすぎてしまうので注意。

目線

最初はレシーブがくる方向に体を向けるが、ボールの軌道を見ながら、体をネットに対して直角に向けていく。その後は、ボールを目や顔だけで追う。セッターは「目の動かし方」が大事なのだ。これができると体が左右にぶれなくなり、トスも安定してくる。

手の位置

額の上で捕らえる。上級者には、肘を伸ばした高い位置でボールを捕らえ、手首だけで上げる人もいる。

肘

肘を開きすぎると、親指が下を向き、ボールが飛ばなくなる。逆に狭すぎると、親指が立つ感じになり、コントロールが悪くなる。両手でボールがすっぽり入る「茶碗型」を作り、肘はそれに合わせて自然な開き方をするのが一番。

ボールの捕らえ方

ボールが自分の構えたところに落ちてくるのを待つように捕らえる。

ワンポイントレッスン

トスの回転を逆回転気味にしてあげると、ボールが落ちずらくなるためスパイカーは打ちやすい。逆に、ドライブがかかるとボールが沈むためスパイカーは打ちにくい。逆回転気味のトスを出すには、親指でしっかりとボールをはじくようにして、力を伝えるようにするとよい。

足

両足は揃えるのが基本。右足を一歩前に出す人もいるが、トスがネットから離れやすくなる。また左足を出すと、ネットに近くなってしまうし、レシーブに背中を向けることになり、ボールをうまく捕らえられない。

自己点検してみよう

手首の使い方

柔らかい手首の反りがボールの勢いを吸収し、その反発力でボールをはじきだす。

手の指でボールを包む感じになるが、実際には、指、手のひら、手首、肘など、腕全体でしっかり受け止めている。そして、最終的な出力は、手首の返しを使ってボールは送り出される。とにかく心掛けたいのは、両手で均等にはじくことだ。

Point 全日本のセッター経験者に話を聞いたが、「親指・人差し指・中指の3本でトスをする」という人もいるし、「薬指も含めた4本で」という人も、「5指全部使う」という人もいる。つまりどれが正解ということはなく、各人が一番やりやすい方法でやればよい。

ワンポイントレッスン

並行トスを覚えよう

並行トスはネットの上の白帯に沿って、低い軌道でスーッと流れるようなボールを送るトスだ。センターやライトのクイック攻撃と併せて使うことで、攻撃の幅がぐんと広がる。

●指の使い方
ボールを捕らえたら、やや強めにボールを前方へ出す。親指をギュンッと出す感覚でボールをはじくとよい。

バックトス

攻撃のバリエーションが増える技術

ボールを迎える際の動き方 ▶ 送る際の動き方

❶レシーブやパスがくる方向に体を向ける

❷ボールの軌道を見ながら、落下地点に入っていく

❸トスの構えをつくっていく

❹ボールが落下するタイミングに合わせてトスを開始

フロントへのトスと同じ準備

基本的な準備の仕方はフロントへのトスと全く同じでよい。逆に構え姿勢などをバックトスを上げやすいように初めから反るような姿勢でボールを捕らえてしまうとブロッカーにトスがライト側に上がると見破られてしまう。

正しいトスの動き

バックトスは、文字通り「セッターの背面」に上げるトス。つまり、ライト攻撃のためのトスだ。バックトスはボールの行方を見ることができず、スパイカーとのタイミングも計りにくいが、習得できれば攻撃のバリエーションが増える。ボールへの入り方はレフトへのオープントスと同じ。大きく違うのは、トスをした後のフォローの仕方だ。

コントロールをつける両上肢の動き　トスを飛ばす

❺両手の中にボールをしっかり迎え入れる(手首、肘は固くせず、柔らかく)

❻ボールの勢いでしなった手首や肘の反発力を利用しながら、背中を反らせてボールを後ろにはじく

❼両手を同調させて動かす(左右の手の力み加減を同じ程度にする)

❽右回りに回転しながらボールを見続ける

Point ライト側にボールを送り出すには、ボールをはじく際には、背中を反り、肩を中心に腕を後方へ動かしながらボールをはじく。そして、写真の⑥⑦にあるようにボールをはじく際には手首を大きく曲げないようにし、親指を中心にボールをはじき出すと狙った軌道にボールを送り出しやすくなる。

CHECK!
バックトス

基本姿勢

フォーム

オープントスもバックトスも、ボールへの入り方、ボールの捕らえ方は同じ。相手チームのブロッカーの裏をかくのもセッターの役目なので、常に同じフォームでボールを迎え入れることが大事だ。

目線

後ろへ上げたボールを見続けることで、自然に体が反り、ボールをその方向に送り出すことができる。ムリに体を反らせて後ろに上げるのではなく、後ろを見ようとすることで、自然にバックトスが上がっていくのだ。

手の位置

額の上で捕らえる。後ろへ飛ばすために、頭の真上や後ろ側で捕らえる人がいるが、ボールをコントロールできないし、距離も出せない。

肘

オープントスと同じで、両手でボールがすっぽり入る「茶碗型」を作り、肘はそれに合わせて自然な開き方をするのが一番。

足

慣れてくる両足を揃えてトスを上げられるようになる。常にこうすることでトスの方向が分かりにくくなる。しかし、基本としてまずは一歩踏み出しその踏ん張りを使って後方へトスを上げられるところから始めるとよい。

ボールの捕らえ方

写真を見るとわかるが、じつは、バックトスをするときは、手の中にある時間が少しだけ長い。手首を柔らかく使ってボールを受け、その後、頭の方へ少し戻すような感じで手首を返しながら、最後に勢いよくはじき出すのだ。

自己点検してみよう

ボールの受け方

セッターはじつはほんの一瞬、ボールを持っている。ボールはセッターの左から入ってくるので、じつは頭の真上よりも若干、左側で受け、その後は両手、両腕で調整して後方へまっすぐボールをはじいているのだ。このとき、手首や肘にかかった負荷を反発力にして、勢いよくボールをはじき出している。

フォロースルー　最も大事なポイント！

ボールをしっかり送り出した後は、胸がネットの方を向くように体をひねっていく。ただし、回転を意識しすぎて、トスの途中で回り始めてはならない。しっかりボールをはじき出し、ボールの行方を見て、「これ以上見られない」という段階でクルッと体を回してあげるといい。ジャンプトスの連続写真を見ると、それがよくわかる。

Let's try!
レフトへのオープントス

1 ネットを挟んでオーバーパス

ネットを挟んでパスをすることで、一定の高さの軌道を感覚的につかむことができる。距離はそれほど長くせず、アタックラインの内側でよい。この距離だと、おおよそ6メートルで、セッターの定位置から、レフトのアンテナまでの距離くらいになる。後傾しないように重心を前に置き、膝を使って、山なりのボールを出そう。

Point 指がボールに負けないよう、タイミングを合わせ受けるときにグッと(少しだけ)ボールをつかみに行く感じでポンと飛ばすと、力が入りやすい。ボールが飛ばない人は、手首にも力を入れてみよう。

2 直上に上げて、90度向きを変えてトスをする

自分で直上に上げて、クルッと向きを変えてトスをする。セッターはレシーブされたボールを向きを変えてスパイカーに上げるが、回転することで感覚が変わってしまう。なので、まずは最も感覚の変化の少ない直上に上げることから始めよう。向きを変えたことで生じる感覚のズレを整えるために、トスの体勢(ボールに力を伝えられる体勢)を素早く作る。

Point 回ったら、1回、感覚を区切る感じにするとよい。ボールを捕らえる位置がずれると、トスがぶれたり、ドリブルの反則を犯しやすいので、頭の上で正確に捕らえよう。ボールをはじいた後に、前足に荷重してフォロースルーをするようにすると、力を乗せやすい。

効果的な練習法

3 前方からボールを出す

3人組で行う。山なりに投げたボールを、レフトへ、オープントスを上げる。セッターは投げ手に体を向け、クルッとトスを上げる方に向きを変える。ボールを出す人は、最初はレフト側から始めると、セッターは体の回転量も少なく、ぶれ幅も少ないため上げやすい。少しずつ難易度上げ、センター方向からボールを出すようにする。

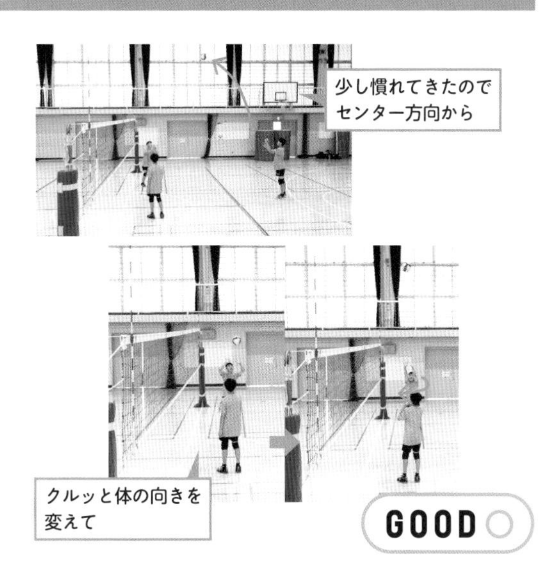

4 ライト側から出す

慣れてきたら、ライト側からもボールを出してみよう。投げる人は山なりで。体を回す量が増える分、ブレ幅が大きくなるが、同じ位置でボールをセットする。ボールをずっと見続けると体勢が崩れるので、ある程度の予測が付いたら、パッと体の向きを変えるとよい。

Point 感覚に違和感を覚える時は、とらえている位置が微妙にずれていることが多い。感覚的に「ピタッとうまく出た」と感じるときは、正しい位置でとらえている。だから、力が正確に伝わり、正確に飛び、距離も出せる。右足のつま先を送る方向に向けると、体も自然と向く。

Let's try!
バックトス

5 バックトスをしてみる

最初はレフト側からボールを出す。投げ手、セッター、受け手は、一直線でよい。ボールを出す時に、腕を後ろにずらしながらはじく感じ。ボールをしっかり捕らえて、後ろに送る感覚をつくる練習だ。親指が一番当たるイメージでやるとよい。

Point 重心を後ろに持って行ったり、腕を少しずつ後ろにずらしていくことが大事。ミサイルの発射台のような感じで、腕のレールの上をボールが転がって、最後に親指を使って、スパンッとはじき出す。ただし、手首を後ろに倒しすぎると、ボールが下に転がり落ちる感じになってしまうので注意したい。手首の動きと親指を連動させると、ボールが勢いよく飛び出る。

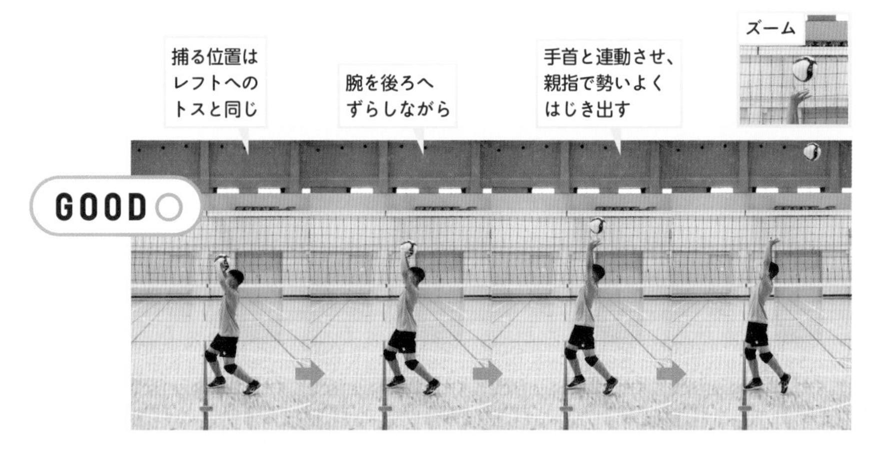

6 レフト側ボールを出してバックトス

レフト側のやや離れた位置からボールを出し、バックトスをする。体の向きを変えながら、飛距離の負荷のかかったボールを受け、しっかりと後ろにはじく感覚をつくる。最初は、写真のようにボールの行方は見なくていい。両手を同じように動かすことを意識しよう。

Point

次は、ボールの行方を上目で追ってみよう。すると、自然に体が後方に反っていく。その流れで、右足を軸にしてくるっと体を回転させていこう。このフォームができると、ボールがコントロールしやすくなり、より遠くまで飛ばせるようにもなる。そのままブロックフォローにも入っていきやすくなる。

ステップアップ・アドバイス!

ボールへの力の伝え方と力を働かせる方向

☑ 踏み出した足に一度加重して、そこから踏ん張って後方へ重心を移動させてトスする

☑ ボールを飛ばす際に腹筋に力を入れることで指先に力が入る

☑ 近い距離の時は手首や腕の動きが中心となり、遠くになった時は下半身の動きを中心にする

体の向きと動作の方向の一致性

☑ ネットを背に立ち、レシーブされたボールの行方を早く見つけ遅れないようにセットする

☑ ボールの落下位置に入りながらレフト方向に体を回転させて構える

☑ トス方向への向き直りはパっと行う

☑ ボールを送ろうとする方向へ片脚を踏み出し、ボールを置く方向へ力が働くようにする（上達してきたら両足を揃えたほうがトスは安定する）

応用編

タイミングを計る

☑ 返球されたボールを意識しつつ、スパイカーの動きを把握する

☑ スパイカーの動きに合わせトスを上げる

視野の広さが大事

どうやったら、回ったときに、いい位置で取れるのか?

ボールを見る位置は意外と大事で、ボールの横を見るつもりで入るといい。その際にボールの全体ではなく、1点を捕らえるようにするとよい。とくにライト側からのレシーブをトスする時など、体のブレる量が大きくなる場合は、基本的な感覚がずれ始めるので、体勢を整える手法として、ボールを見る位置を定めることが大事になる。

PART 4

スパイク SPIKE

スパイクは、バレーボールの中で得点を最も多く取るプレーだ。しかし、どんなに優れたスパイカーがいても、レシーブやトスが上がらなければ、スパイクにはならない。反対に、どんなに優秀なレシーバーやセッターがい

鉄則1 自信をもって打ち切る

スパイクは、「打つ！」と決めたら、自信をもって打つこと。弱気になったり迷ったりすれば、中途半端なプレーになり、得点にはつながりにくい。「トスが乱れようが絶対に打つ」と決めてしまえば、不思議と体にもキレが出て、勢いのあるスパイクを打てるようになる。すると、セッターも伸び伸びとトスができ、いいトスが上がってくるようになるのだ。

鉄則2 ジャンプの頂点で打つ

ネットで仕切られたバレーボールは、当然ながら、高い位置でスパイクできた方が有利だ。しかし、いくら高く飛ぶことができても、ジャンプの途中や落ち際で打つようでは、相手のブロックに止められてしまう。タイミングを合わせ、力の入る打点で打つことが大事なのである。そのためには、どんなトスも打ちにいく、準備が大切なのである。

ても、スパイクが打てなければ点数にはならない。つまりスパイクは、チームのすべての結晶なのである。このセクションでは、ボールを打つ「ヒッティング」と、ジャンプをして高い打点から打つ「スパイク」に分けて解説する。

鉄則3 広い視野が決定率を決める

スパイク決定率の高いプレーヤーは、ジャンプした後でも、相手ブロッカーの手の動き、レシーバーのポジション、動きなどを瞬時に見抜き、そこを狙って打つテクニックと視野をもっている。これは一朝一夕で身に付くものではなく、練習の時から、それを意識することで少しずつ鍛えられていく感覚なのである。

鉄則4 瞬時に判断を下して打つ

スパイクは強く打てばいいというものではない。相手コートに鋭角に叩き込むばかりでは、ブロックにかかるのは当然だ。相手のブロックをよけて打つコース打ちや、ブロックアウト、相手プレーヤーのいないところに落とすフェイント、軟攻など、さまざまなバリエーションをもたなければならない。それには空中での瞬時の決断力が大切なのである。

ヒッティング

大きな円を描くようにドライブをかける

テイクバックからスイング ボールの捕らえ

❶テイクバック時にはリラックスする（力まない）

❷打たない方の手、腕の挙上がしっかりできていると動作が安定する

❸上肢の入れ替え動作と体幹のひねりとひねり戻しを連動させる

❹一度捻った体幹を戻しながらスイングに連動していく。この時、踏み出した足に加重を移しながらこの動作を行う

正しいヒッティングの動き

ボールが手にジャストヒットしなければ、十分な打力を出すことはできない。また、正しいドライブ回転がかからなければ、ボールはコートの外に飛び出てしまう。正しくヒットし、ドライブをかける技術をバレーボールでは「ミートをする」と言う。まずは地上でのヒッティング（ミート）が確実にできるようにしておこう。

動画でチェック！

狙った方向へヒットする

⑤手や手首付近に力を入れすぎない
⑥ボールを上からたたけるような手首の角度をつくる
⑦ヒットの際に手のひらの向きを向けるようにする
⑧狙った方向へスイングをまっすぐ振り下ろす

ミートのポイント

しっかりとボールを手のひらでヒットしていくには、タイミングを合わせること、打たない方の手で指し示したポイントでボールをとらえること、そして、例えば中指やその付け根など、手のひらのどの辺を意識すると当たりやすいかを見つけることである。

CHECK!
ヒッティング

基本姿勢

テイクバック

両手でボールを持ち、直上に上げて、そのままテイクバックに入っていく。打つ方向に対して体を半ひねりさせる。このときに力んでしまうと、筋肉が硬くなり、しなやかな動きができなくなる。スパイクのパワーは力でボールを叩くことではなく、体のひねりと回転で生み出すキレなのだ。

目線

アゴが完全に上がってしまうと、ボールをヒットできなくなる。上目づかいでボールを見るようにしよう。

左手

左手の指の先でボールを見るようにすると、ボールを捕らえる位置が明確になり、タイミングよくスイングが始動できる。

足

左足の先を打つ方向に向けながら、一歩出していく。キャッチボールをするときに、踏み出しながら投げるのと同じ要領だ。

よくある勘違いは、スパイクは「腕の力で打つ」と思っていることだ。たしかに、手のひらでボールはヒットするが、体の回転とヒッティングのタイミングを合わせることで、爆発力を生んでいる。打撃前の準備段階を整えないと、強いスパイクは打てない。

自己点検してみよう

肘の使い方

スパイクにおいて、肘は最大のポイントと言ってもいい。腕を回しながらも、最後は肘が上を向き、打つ方向に対してまっすぐ向く。これによって、腕がムチのようにしなり、最終的には手首と連動して、威力のある打撃になるのである。

腕を回しながらも、
ヒットの直前には肘が上を向き、
打つ方向に対して
まっすぐに向く

Point ドライブのかけ方

スパイク時に、ボールに純回転をかけることで、ボールはドライブがかかり、弧を描くように落ちていく。ドライブをかけるには、ボールの向こう側に指先が回り込むように、弧を描きながらスイングする。つまり、肩を起点にして、腕をしっかり振りきることが、ドライブの最大の秘訣なのである。

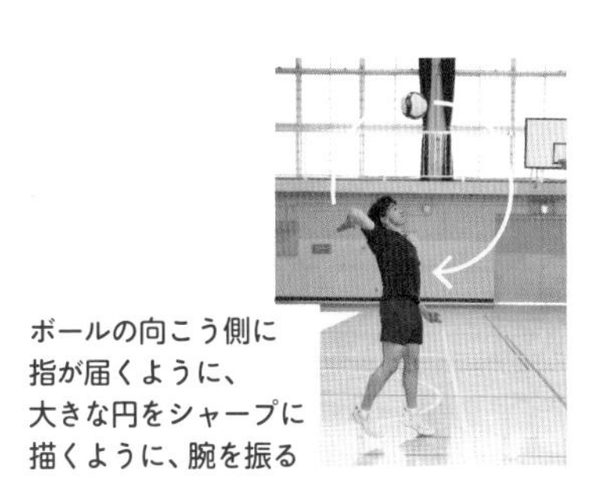

ボールの向こう側に
指が届くように、
大きな円をシャープに
描くように、腕を振る

Let's try!
ヒッティング

1 自分で真上に上げたボールをヒッティング

下から直上にボールを高く上げて、ヒッティングをする。トスは高めに上げるが、片手でも両手を使ってもよい。打つ時は、下に叩きつけるのではなく、長めに打つ感じで。これはヒッティングの第一段階で、体を反転しながら、腕を振り下ろしてボールをヒットする感覚をつくる練習だ。

Point トスを上げた後、左手の指先でボールを見る。打ち終わった後に、右肩が前に向くくらい、左手を強く引いてあげるといい。

効果的な練習法

2 正面からくるボールをヒッティング

正面から山なりでボール投げて、タイミングを合わせて打つ。左手の指先でボールを見ることで、打つタイミングの狙いをつける。ボールが近くまで落ちてきて「ここだ！」と思った瞬間、前方に出ていた体の左側と、後方にあった右側をスイッチして（入れ替えて）いく。

ボールを捕らえる位置は体の前。よく「肘を引け」と指導されるが、それだと横に引いてしまう人が多い。すると体が使えず、単なる手打ちになってしまう。正しいテイクバックは、「上半身は、腰を水平に回転させながら」「左手は、手のひらはやや外側に向け」「右手は、肘を一番高い位置に置き、親指は首の付け根に持ってくる」というイメージだ。このテイクバックは、ボールを使わなくても練習できるので、素早く、正しいフォームが作れるよう、毎日くり返し、何百回も何千回もやるとよい。

左手の手のひらを下に向けたら　体が回り、動作が大きくなった

Let's try!
ヒッティング

3 ワンバウンドさせたボールをヒッティング

ボールを出す人は、床に叩きつけ、高くワンバンドさせる。スパイカーはボールの落下地点を予測して移動し、タイミングを合わせてヒッティングする。左手を上げて構え、スイッチして打ちに行く。バウンドさせたボールの落下位置を予想し、打撃動作への切り替え動作を素早くし、タイミングを合わせ正しいヒットポイントでボールを捕らえるための練習だ。ちなみに、写真はトスの落下位置まで正確には入れていない例。本来はもう少し前まで移動し、高い位置で捕らえたい。高く挙上した左手の指先でボールを見るようにすると、正しい位置に入れる。

4 片膝をついた姿勢から立ち上がってヒッティング

スパイカーは左膝をついて構える(左利きの人は右膝をつく)。下から投げてもらったボールを立ち上がって、ボールの下まで移動し、ヒッティングする。「立ち上がる」動作を加えたことで一連の動作量が増えることから、増えた分の動作時間を読み取ってタイミングを合わせる練習。タイミングを計り素早く落下位置まで移動し、正しいテイクバックの姿勢を作ることが大事だ。

5 斜め前から上げたボールをヒッティング

「トスを打ちに行く」という感覚を作る第一歩。この練習で、トスと自分との位置関係をつかむこともできる。スパイカーがあまり移動しなくてもいいように、トスをスパイカーの1～2メートル手前に上げる。

Point

写真は、ボールを自分の左側で捕らえてしまった例。空中に高く上がったトスの落下位置を予測し、ジャストタイミングで入ってテイクバックをし、正しい位置で捕らえることは、じつはかなり難しい。しかし、実際のスパイクはさらに難しい。ここにジャンプが加わり、高さや速さの違うトスが上がってくるからだ。ゆえに、地道だが、こうした基本練習をクリアしておくことが大事なのである。

レベルアップ練習

慣れてきたら、トスの位置をスパイカーから離し、2メートル、3メートルの移動をしてから打つようにしてみよう。次第にジャストタイミング、ジャストポジションで打てるようになるはずだ。

ステップアップ・アドバイス!

ヒッティング

ボールを手のひらの中心でヒットする

- ☑ 中指で巻き込むようにする
- ☑ 手のひらを広げるようにする
- ☑ ボールをつかみに行くイメージで打つ
- ☑ ボールの上っ面をヒットしに行く

打点の高さ

- ☑ 挙上する打たない方の手を高い位置でかざすようにする
- ☑ スイングした手が高い位置を通るようにする
(肘を高く上げ、肘が上に向くようにする)
- ☑ 打点を高くするには少しトスを高くする
- ☑ ボールを打とうとする方向へ片脚を踏み出し、
ボールを打つ方向へ力が働くようにする

応用編

力をボールに伝える

- ☑ 頭の真上よりも少し前でボールを捕らえる
- ☑ スイングを振り切る
- ☑ スイングを開始する際に腹筋（下腹部）のあたりを締めるように力む
- ☑ 体幹の捻りを使う
- ☑ 力み過ぎない（7割程度で十分）

タイミングを計る

- ☑ 1（トス）・2（テイクバック）・3（スイング）のリズムで打つ
- ☑ 挙上した手を利用してタイミングの狙いをつける
- ☑ 挙上した手を引くことで合わせる

オープンスパイク

大きな動きで全身の力を込めて打つ

助走の加速 ＞ 踏み切り動作 ＞ 高いジャンプ

正面から

❶徐々に歩幅を広げることで加速する。最後の一歩をより大きくして踏み込みに入る
❷踏み切りに入る直前に両腕を後方へ大きく引く
❸大きく後方へ引いた両腕を大きな動きで思い切りよく振り上げて踏み切る。
踏切り時はあまり深く膝を屈曲させる必要はない
❹後方へ引いた両腕を大きく素早く振り上げ鋭く踏切ることでジャンプが流れない。
踏切る位置はボールの　落下位置の少し手前にする
❺助走から踏み切り動作をスムーズに移行する。踏切ったあとは振り上げた腕をそのままテイクバックの姿勢へと移行させていく

側面から

正しいスパイクの動き

オープンスパイクは、セッターが高く上げた山なりのトス（オープントス）を打つスパイクだ。高いトスは、打つまでの時間的な余裕があるため、タイミングが取りやすく、十分な体勢で打てるため、パワフルなスパイクになる。全身のパワーをすべてボールに伝えられるようにすることが大切になる。

空中での動作バランスと高いヒットポイント

❻スムーズに上肢の入れ替え動作を実施し、下腹部へ力を入れ、スイングをはじめていく

❼両上肢を大きく使うことでバランスよくスイングできる

❽少し体幹を立てるようなイメージで、頭が先に突っ込まないようにしながらスイングしていく

❾スイングが完了し着地へ移行していく

❿着地がネットに近い場合は両足でバランスよく着地する。片脚着地を繰り返すとケガの元になる

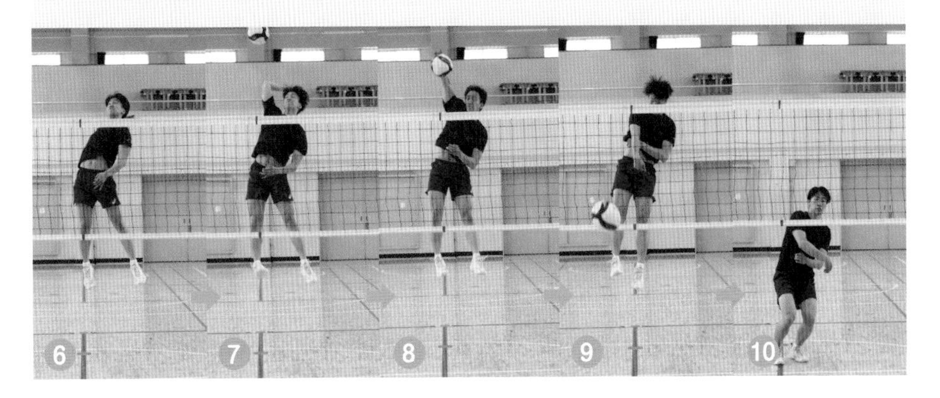

CHECK!
オープンスパイク

助走からジャンプまで

助走からの一連の動きをスムーズに行うためのヒント

①オープンスパイクは、トスの勢いや方向を見てから助走を開始
②トスの落下位置を予測をして、そこに合わせた速度や歩幅で、外側に半円を描くように走っていく
③よく「3歩助走」を指導されるが、必ずしも3歩である必要はない
④大事なのは、最後の1歩を、勢いよく大きく踏み込むことだ
⑤助走の力をジャンプにつなげるために、両腕を大きく振り上げるようにして鋭く踏み込む

自己点検してみよう

ジャンプとスイング

肘

ひねった上体を戻すと、肘は前方を向く。

腕

両腕を振り子にしてジャンプをしたら、左手は高い位置に維持し、右腕は後ろに引く。

上体

空中では上体をひねりながら、全身をムチのようにひねらせる。

ヒットポイント

自分の体より前でヒットする。頭の上でボールを捕らえるとボールが上方向に飛び出し、アウトになる確率が高くなる。

Let's try!
オープンスパイク

1 自分で上げたボールを一歩踏み込んでキャッチ

まずは、上げたボールをキャッチする練習だ。ちょっと高めにトスを上げて、しっかりと踏み込んでジャンプし、腕を伸ばして高い位置でキャッチしよう。これによって、ジャンプしたときの「体の位置」と「捕らえる位置（打点）」「ボールの位置」を合わせることができる。

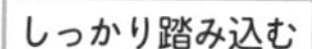

Point

スパイクでは「ボールのどこを見てるか」が、けっこう影響する。「真下を見るといい」と言う人もいるし、「横を見るといい」と言う人もいる。私（高橋）は「見えないけど、ボールの上をのぞき込むような感じ」で見ている。そのほうがタイミングを合わせやすいのだ。もちろん、トスが落下してきているときには、ボールの上は見えない。だが、この見方によって、より高い位置でボールを捕らえることができ、スイングの速度もアップすると自覚している。

効果的な練習法

② 上げてもらったボールを助走してキャッチ

横からトス上げてもらい、助走→踏み切り→ジャンプ→キャッチをする。前項の練習は、自分でトスを上げるのでタイミングを合わせやすいが、相手に上げてもらうと合わせにくくなる。落下位置を判断し、スムーズに１歩目を動き出し、最後の踏み込みをしっかりと行う感覚をつくる練習だ。トスをする人は膝の屈伸を使って上げると、スパイカーはタイミングを計りやすくなる。

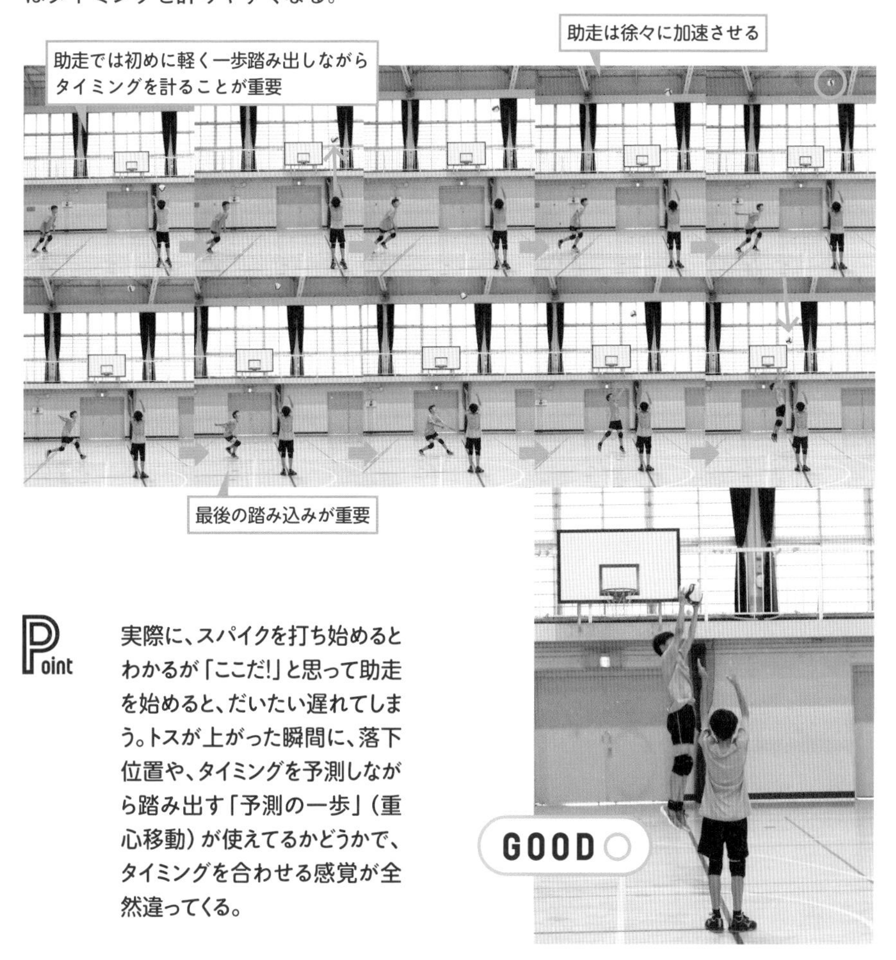

Point

実際に、スパイクを打ち始めるとわかるが「ここだ!」と思って助走を始めると、だいたい遅れてしまう。トスが上がった瞬間に、落下位置や、タイミングを予測しながら踏み出す「予測の一歩」（重心移動）が使えてるかどうかで、タイミングを合わせる感覚が全然違ってくる。

Let's try!

オープンスパイク

3 ネットを使わずに打ってみる

今度はキャッチではなく、打ってみよう。前頁と同じ要領で、助走→踏み切り→ジャンプ→ヒッティングを行う。強く打とうとする必要はない。ジャンプする時に「跳び箱のロイター板を踏む感じ」でポンと踏み込むと、空中姿勢がスムーズにつくれるし、打力も出てくる。

ロイター板を踏むようにポン！

予測の一歩はゆっくり踏み出すが、落下位置に対して加速度を上げていく。写真の助走から踏み込みまでは、とてもいい感じだ。だが、打つ時に体が左に流れてしまっているのが少し気になる。これは左手の先でトスを見ていないことも影響していると思う。やはり、ヒッティング練習をくり返して常に正しいフォームで打つことは、とても大事だ。

効果的な練習法

4 ネットを使って打ってみる

今度はネットを使って打ってみよう。前頁と同じ要領で打てばいい。

Point ネットを使ってスパイクを打つ時は、ネットが邪魔に感じたり、突っ込んでしまいそうな気がしたりするものだ。助走の勢いをしっかりとジャンプに生かすことが大切。踏み切り動作に入る直前に後方に引いた腕を踏み切るのと同時に大きく、素早く振り上げることで高くジャンプできる。また、踏み切る位置をトスの落下位置よりも少し手前にすることで、ネットとの適切な距離を取ることもできるようになる。

ステップアップ・アドバイス!

オープンスパイク

オープンスパイクは、トスの落下位置を把握して、助走のタイミングを合わせてジャンプし、「1点のヒットポイント」でジャストミートするという難易度の高いプレーだ。実際に打ち始めると、うまくいかないことも多いだろう。また、好調だったスパイクが不調になることもある。そんな時は、次にあげるポイントを確認しながら練習してみるとよい。
これをクリアできたとき、確実にスパイカーとしてステップアップできるはずだ。なお、私は日頃、大学生のトップ選手にも、こんなことを注意しているのである。

ヒットポイントを高くする

☑ テイクバック時の左手が高く上がっているか？（左利きの場合は右手）

☑ ボールの上っ面を叩くようにしているか？

☑ 自身の到達点を見極められているか？

☑ ヒットしに行くときに肘を伸ばし切れているか？

ボールを捕らえる

☑ トスされたボールの落下位置の判断が遅れていないか？
（そのための心構えが本当にできているのか？）

☑ ボールを上方というよりは前の方に見る感じで追えているか？

☑ 踏み切る位置は正しいか？
（ボールの落下位置の少し手前で踏み切っているか？）

☑ 助走時にボールの下ではなく上っ面を見るつもりで追っているか？

☑ テイクバック時に左手の指先（左利きは、右手の指先）でボールを見れているか?

☑ 右肩の前の上方でボールを捕らえているか？（左利きは左肩の前の上方）

応用編

力を伝える

☑ボールの中心を手のひらの全体でたたいているか？

☑空中動作の中でテイクバックからのひねり戻しを使えているか？

☑挙上した手を鋭く体幹へ素早く引き付けているか？
（これをするとスイングの鋭さが格段に上がる）

☑スイングの起点として、下っ腹へ力を入れているか？

☑ヒットする瞬間に体幹を突っ込まないようにしているか？
（軽い前傾姿勢程度になるのが理想）

タイミングを計る

☑ヒットポイントに至るまでの「ボールの動く時間」と
「自身の動く時間」を把握できているか？
（誤差が生じていないか？ 誤差があるとしたらその原因は心的なものではないか？）

☑トスされたボールの軌道の頂点を見極められているか？

☑片方の足を軽く前に出し重心をゆっくり移動させて軽い前傾姿勢になりながらタイミングを「伺って」動き出しているか？（予測の一歩は正しく出ているか？）

☑「イチ（一歩踏み出す）・ニ（次の一歩を踏み出し同時に両腕を後方へ引く）・サン（最後に残った足を引きよせて踏み切る、この時両腕を大きく振り上げる）」のリズムを使えているか？（焦るとリズムに微妙な誤差が生まれる）

☑ボールの上っ面をのぞき込むようなつもりで見ているか？

☑焦っていないか？

じつは、最後に挙げた心的な要因の「焦り」は意外と厄介だ。これが体のぶれや、動きの誤差につながっていくのである。

PART 5 ブロック BLOCK

ブロックは、ネット前で相手のスパイクに対して、両手でボールを相手コートにダイレクトに落とすプレーだ。相手の攻撃を阻止できるか、レシーブが上がるかは、ブロックにかかっていると言っても過言ではない。

鉄則1 ジャンプは高く、まっすぐ上に

ブロックの技術で最も大切なのは、跳ぶタイミングと手の出し方だ(もちろん高く跳べることも重要だが)。高く跳んでも、両手で作る「ブロック面」が傾いていたり、両手の間隔が広すぎてボールが抜けたりしてくるようでは意味がない。高さはなくても、タイミングと面がしっかり合うと、止めることができるのである。基本は、ジャンプは高く、まっすぐに。スパイクの勢いに負けないよう、両腕と手をしっかり伸ばして、腹筋に力を入れ、全身で「硬い棒」や「広い板」を作ることが大事である。

鉄則2 しつこくブロックに跳ぶこと

ブロックは、相手の攻撃のリズムを崩し、たとえ劣勢でも、反撃に転じる起点となるプレーだ。また、相手をじわじわと追い詰めることができる。たとえ止まらなくても、ワンタッチが取れなくても、しつこくブロックに跳ぶ。相手スパイカーは、目の前に毎回〝壁〟ができていればプレッシャーにもなる。これによりブロックが打球をタッチできれば後方でレシーブできるし、ブロックを避けたコースにレシーバーが入ればレシーブチャンスをつくることにもなる。

ブロックの絶対鉄則

もちろん、スパイクを止めることは重要だ。だが、止まらなくても、しっかり飛んでレシーブのコースを作ったり、ワンタッチを取って威力を弱めたりすることも重要なのである。

鉄則3 声を揃え、タイミングを合わせて跳ぶ

ブロックは１人よりも２人、２人よりも３人の方が効果は大きい。〝大きな壁〟ができるからだ。ところが、バラバラに跳べば〝穴のある壁〟となり、そこからボールが抜けてきたり、予想外のところにはじかれたりする。つまり、２枚、３枚で跳ぶブロックは〝きれいに揃う〟ことで、初めて意味を成すのである。そのためには、普段の練習から「せーの！」と声を合わせて跳び、タイミングや手の出し方を揃えることが大事なのである。全体の得点の中でブロックが占める割合は少ないが、ブロッカーが手を抜けばチームは機能しない。地道だが、気を抜けないプレーなのである。

鉄則4 相手の動きを読む

ブロックは、相手セッターにボールが渡るときから「成功するかどうか」が決まっている。いくら技術が完全だとしても、相手セッターとスパイカーの動きを読むことができなかったり、弱気になったり迷ったりすれば、止めることはできない。そのためには、どこにトスが上がるのか、どのコースにどんなスパイクを打つのか、相手の動きやクセを見極めることが大事なのである。

ブロック

強打にひるまず、正しく、しつこく跳ぶ

構え方 ▶ ジャンプとブロック面

正面から

①中腰で構え、肘を曲げた状態で両手を挙げておく

②スパイクを打たれる場所とタイミングを計り、できるだけ高く跳べるよう、両膝を曲げる

③ジャンプしながら曲げていた肘を伸ばしていく。少しでも空中に長くいられるようイメージしよう

④肘を伸ばし手首を曲げないようにする

側面から

正しいブロックの動き

ブロックは"一本目のレシーブ"という考え方もできる。ブロックが壁となり、レシーブのコースをつくることができるからだ。相手のスパイカーがどこに打ってくるのかを予測してコースを押さえることも大切なテクニック。むやみに跳ぶのではなく、味方レシーバーとの連携も考えて、コースを予測するようにしよう。

動画でチェック！

空中姿勢　終盤から着地

⑤両腕を閉めて腕の間からボールが抜けないような幅にする。体幹の力をバランスよく利用する

⑥スパイクの勢いに負けないよう、腹筋と指に力を入れる。トスされたボールにかぶせるように、体全体でひらがなの「く」の字のような姿勢を取る

⑦ネットに手が触れないよう、落ち際でも手を残すようにする

⑧すぐ次のジャンプができるよう、ネットに対して正対し、両足のつま先で着地する

Point

ブロックは速度の早い打球が通過する空間に手を出していくことが求められる。そのため、トス位置を瞬時に読み取り、踏切にかかる時間をできる限り短くしてブロックポイントへ最短時間で到達することを心がけよう。

CHECK!
ブロック

基本姿勢

構え

構えている時から両手は必ず上げておくこと。クイックやセッターのツーアタックなどにも対処するには、すぐに手を出せるように構えておくことが大事だ。味方がサーブのときに全日本の選手などが後頭部をガードしているのを見かけるが、あれは強烈なサーブから急所を守るためだ。

Point
すぐに跳べるよう膝を軽く曲げて構え、この状態で移動する。

肘

肘とネットまでに距離を把握しておくことで、ネットタッチを予防することができる。

空中での姿勢

腕

腕と腕の間を抜かれないように、両腕の間をボールが抜けない距離にする。

顔

アゴは引き、上目づかいで相手のトスや相手スパイカーの動きを見るようにする。

指

指はしっかりと開き、指先まで力を入れる。ただし、すべての指に力を入れると、腕の動きが鈍くなるので、親指と小指に力を入れて、この2本だけ少し前に出すようにする。

自己点検してみよう

空中での動作の流れ

1. 腕はネットに沿うように
2. スーッと白帯の上に（変に力まない）
3. 徐々に指先に力を入れて
4. 肩甲骨をグッと上げながら指先、腕に力を入れ
5. ブロックの完成！
6. 出した腕をネット上に残しながら着地していく

腕を振って、あおるようにブロックすると、ネットと腕の間が開き、そこにボールが入ってしまう（これを「吸い込み」と言う）。これを防ぐには、写真のように腕を出していくことだ。また、ブロックの完成前に打たれると、ボールははじき飛ばされてしまう。タイミングを合わせて完成の形をつくることが大事だ。

Let's try!

ブロック

1 ブロックの姿勢をつくる

相手はボールを押し込もうとし、ブロッカーはジャンプをせずその場で、押された力に対してブロックの形をキープするようにする。手を振って押し返すのではなく、脇を締めて肩甲骨をギュッと上げながら、肘と指先(とくに親指と小指)に力を入れる。ブロックでボールの勢いを止める感覚をつくる第一歩だ。

手を振るのではなく、相手の力に負けぬよう、ボールの球形に合わせて固定する

肩甲骨をギュッと上げながら、肘や指にも力を入れると、押し込まれない

アゴを上げずに、ボールは上目づかいで見る。腹筋に力を入れること。アゴが上がると腕を振らざるを得なくなり、ネットタッチをしたり、空中姿勢が崩れてしまう

どのプレーもそうだが、地上での正しい姿勢を覚えることで、空中でも正しいフォームをつくれるようになる。「跳ばなきゃ意味がない」と思うかもしれないが、手を振らないでもボールを止めることができることを知れば、余計な力みはなくなり、動作がしやすくなる。

効果的な練習法

② スタンディングでブロックを跳ぶ

ネットに正対し、助走をつけず、その場で（スタンディング）ジャンプしてブロックの形をつくる。両足で跳んで、両足で着地するように意識してみよう。

Point ネットに触れない程度に近くに寄って、構えてそのままジャンプして、白帯の向こう（相手コート側）に手を出す。左右均等に踏み切り、両足で着地しようとすると、空中で軸が曲がらない。利き手に力が入り、体が回ってしまう人がいるので、均等を意識しよう。跳ぶときに、胸とか肩のあたりがネットに近づくようにイメージすると、腕を振らないでできるよ。

Let's try!
ブロック

3 サイドステップでブロック

サイドステップで右に移動してブロック。一歩目は小さく出て、2歩目は大きく踏み出してみよう。同じように左に移動してのブロックもやってみよう。

4 クロスステップでブロック

クロスステップで右に移動してブロック。移動はネットに対して横向きになるが、踏み切る時に、つま先を正面に向けてジャンプする。手は肘を後ろに引く感じでコンパクトに振ろう。

5 ボールをブロックしてみる

ネットの反対側から投げたボールをブロックする。最初は正面のボールを落としてみよう。腕は振らず、スーッと前に出して、手首だけでポンと落とす感じでやってみよう。

効果的な練習法

Point
サイドに勢いよく動くと外に力が逃げがちになるが、しっかり踏み切って、お尻をキュッと締める感じで跳ぶと、体がまっすぐになる。

腕を大きく振るとネットにかかってしまうのでコンパクトに。このとき腕の振り上げスピードを上げることと、つま先を正面に向けることで、横向きの動力が縦方向になるため、体が流れなくなる。

Point
ボールを落とそうとすると、力んで腕を振ってしまいがちだが、スッと出して腕と手首を締めて落とす。この感覚はどんな場面でも同じだ。

ステップアップ・アドバイス!

ブロック

両手をネットの向こう側へ突き出す

- ☑ ジャンプした後に顎を上げないようにする
- ☑ ネットの白帯に沿って突き出すようにする（腕と手をまっすぐにする）
- ☑ ブロックしようとするボールにかぶせるようなつもりで突き出す

位置やタイミングを合わせる

- ☑ トスの高さや軌道、スパイカーの動きからタイミングを計りジャンプする
- ☑ トスされたボールと打ちに来たスパイカーをよく見てスパイク位置を把握する

ボールの当たりに負けないようにする

- ☑ 腹筋に力を入れて空中姿勢を安させる
- ☑ 手のひらの中心に力を入れるようにする
- ☑ 指先まで力を入れて形を固めておく

Point

手首を曲げてボールをコントロールしようとする人がいるが、これはやめたほうがいい。タイミングが早すぎると、まともに指先にボールが当たり、突き指や骨折の危険がある。また、ボールを味方コートに落としてしまったり、ネットに触ってしっまたりする要因になる。落としたい気持ちはわかるが、やはり、腕と手はまっすぐにするのが基本だ。

※本書では「ブロックは指を開く」という一般的な方法で説明したが、私のチームでは、ケガ予防などの観点から「指を閉じる」よう指導している。それによって、データ的にはブロック力の低下は見られない。

応用編

2枚ブロックの基本

ブロックは1人だけではなく、2人(2枚ブロック)、3人(3枚ブロック)でする場合が多い。ここでは2枚ブロックの基本的な考え方を話しておこう。

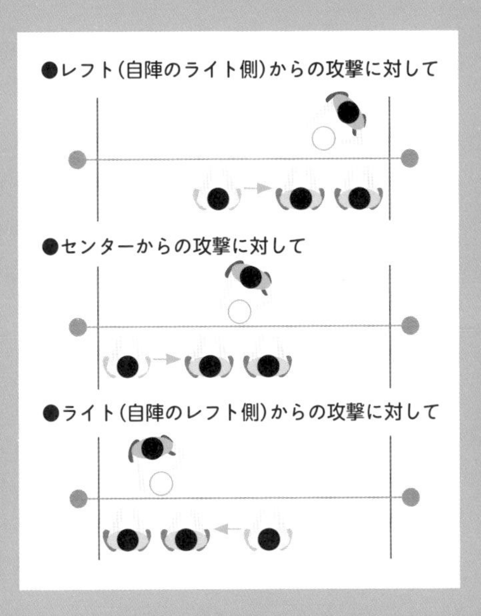

4本の腕で壁を作る

最も大切なのは「4本の手を揃えること」と「2人の間を抜かれないこと」だ。とくに移動距離が大きくなると、ジャンプした時に真上に跳べず、もう1人のブロッカーを突き飛ばすようになり、ブロックの面がバラバラになってしまう。これを防ぐには、しっかりとした踏切動作をして、ジャンプが流れないようにすることだ。また、空中姿勢をよくするためには、腹筋に力を入れ、体幹が崩れないよう意識しておくことだ。

コースの押さえ方

相手のスパイクのコースを押さえる時は、クロス、ストレート、どちらの場合でも、2人の出した4本の範囲は、ボールが抜けないように揃えて出すことが重要。

サイドブロッカーの役目

相手がサイドからオープン攻撃などをしてくる場合、基本的には、コートの外側に近いブロッカーが「起点」となる。起点となるブロッカーがタイミングやコースを把握し、「せーの」と声を出してリードし、2人の跳ぶタイミングを合わせる。

PART 6 サーブ SURVE

サーブには2つの目的がある。1つは、点を取ることだ。もう1つは、相手のサーブレシーブを乱し、攻撃のリズムを崩すこと。セッターにボールが返らなければ、相手の攻撃力は半減し、こちらに攻撃を仕掛けるチャンスがくる。それを決めれば連続得点となり、リズムに乗ることもでき

鉄則1 1人でコントロールできる唯一のプレー

バレーボールにおいて、サーブだけは、プレーヤーが1人で完全にコントロールできる唯一のプレーだ。また、すべてのプレーはサーブから始まる。それだけにみんなの注目が集まるが、必ず自分のリズムでプレーすることが大切だ。ルールでは審判のサーブ許可の吹笛から8秒以内に打たなければならない。その時間をどう使うかも、サーブの重要な要素である。

鉄則2 相手の守備を崩す

「ミスをしないこと」が鉄則なのは当然だ。だが、ゆるいサーブを入れて思うままの攻撃をされては、逆に相手を波に乗せてしまう。速度や威力のあるサーブ、大きな変化をするサーブで得点を狙うのはもちろん大事だが、「相手の嫌なところ」を狙いレシーブを崩したり、審判の吹笛後すぐに打ったりして、心理的にプレッシャーを重ねていくことも大事なのである。また、安定感のあるサーバーのときは、味方もプレーに集中できて得点を重ねやすい。

サーブの絶対鉄則

る。現代のバレーボールではサーブがゲームの流れを決める重要な役割になったのだ。このパートでは「アンダーハンドサーブ」「フローターサーブ」「ジャンプフローターサーブ」「スパイクサーブ」の4種類のサーブを紹介する。

鉄則3 安定したトスがサーブの命

どうしたら安定したサーブを打てるのか？　それには「安定したトス」を上げることだ。鋭いサーブ、変化するサーブが打てるプレーヤーでも、トスが悪ければ、良いサーブを打つことはできない。つまり、安定したトスこそサーブの命なのである。どこに、どんなトスを上げるとしっかりとヒットできるのか、ということを考えながらサーブ練習をすることも、大事なのである。

鉄則4 目的にかなったサーブを選択する

レシーブしにくいサーブとは、どんなサーブか？　距離が長い、スピードが速い、水平に飛んでくる、予測しにくい変化をする……など、さまざまある。自分の体力や打力に合っているのはどんなサーブなのか？　その中でどんなサーブなら自信を持って打てるのか？　こうしたことも考えて、自分の特長を生かせるボールが打てるサーブをマスターしよう。

Let's try!
サーブ

サーブはバレーボールの中で、唯一、自分がコントロールするプレーだ。ゆえに、練習も一人ですることが多くなる。私のチームでは「ジャンプサーブ」や「スパイクサーブ」などは、スピードガンを使って1球1球の速度を測定し、各人が技術の修正やスキルアップをしているが、中学生のとく

1 短い距離から長くしていく

いきなりコートの外(エンドラインの外)から打つのではなく、まずはアタックラインの外側くらいから、短い距離のサーブを打ってみよう。そして、しっかりとヒットし、ボールがまっすぐに飛んで、10本連続でネットを越えるようになったら、50センチ(軽く1歩)ずつ距離を伸ばしていく。

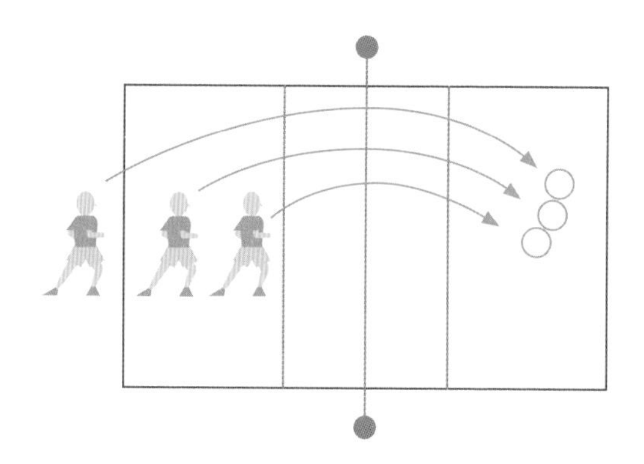

2 打ち出しの方向と角度の確認

サーブはネットを越えて、相手のコートに入れるプレーだ。そこで重要になるのが、打ち出す「方向」と「角度」だ。たとえば、左方向にアウトになってしまうなら、原因の多くは打ち出しの方向の間違いだ。ネットにかかる、アウトになる原因の多くも、打ち出しの角度にある。方向と角度を確認しながら練習すると、実戦でも安定したサーブが打てる。

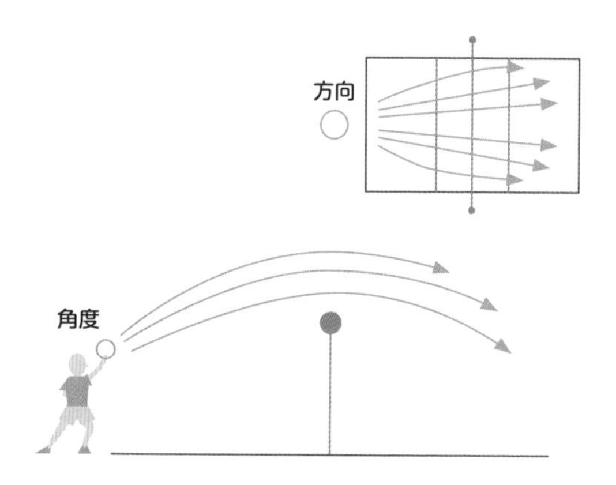

基本的なサーブの練習法

に初心者はそこまでする必要はないと思う。まずは、しっかりヒットし、コートに的を置くなどして狙った場所に打てるようにすることを優先すべきだ。実戦では1人で打ち、練習も各人の裁量に任されがちなサーブだから、どう取り組むかが大事なのだ。

3 打つ前にイメージを作る

どんな速度のボールが、どんな軌道で、どこを頂点にして、どんなふうに相手のコートに落ちるのか。サーブを打つ前に、まるで動画を見るように頭の中でイメージしてみよう。体は脳内のことを体現しようとする。ノーイメージで練習して、「ああ、うまくいった」「ダメだった」とやるよりも、しっかりイメージするのとでは、一本一本の内容が違う。最初はイメージ通りにできなくても、考えて工夫して、近づけていくことが大事なのだ。

4 本数を打つ

何本も打つことで「打突力」(狙った場所へ打つこと)が高まっていく。腕だけでなく、背中、首、腹筋など、その動作に必要な筋力系と神経系が鍛えられていくからだ。これはスポーツのどんな動作にも言えることで、素振りをくり返すことには意味があるのだ。ただし、間違えた動作をくり返せば、それは「下手を固める」ことになる。同じ10分のサーブ練習でも、その取り組み方によって、1か月後、半年後、1年後の成果は大きく変わってくる。

アンダーハンドサーブ

高い確実性がある基本のサーブ

セット　スイング

❶相手コートに対して正面を向き、膝を軽く曲げ、
ボールはお腹の前にセットする。ボールを打つ右手は軽く握る

❷右肘を曲げないようにして、構えた姿勢から右手を自然に後方に振り上げていく
（大きな円を描くように肘は伸ばしたまま）

❸後方に大きく振り上げたタイミングで、左手のボールを浮かす程度に上げ、
同時に、腕を振る方向を前方にスイッチする

❹重心を前足にグッと移動しながら、腕を前方に振り上げていく

動画で
チェック！

アンダーハンドサーブは、試合で使われることが少なくなった。ボールがゆるくて威力がなく、素直な軌道なので、簡単にレシーブされてしまうからだ。しかし、相手のコートに確実に入れることができるので、マスターしておいて損はない。しかも「体をひねりながら下手でボールを捕らえる」というこの動きは、他のプレーでも役立つことが多いのだ。

ボールヒット

❺腕は大きな円を描くように振り上げながら、上半身は自然に前をくようにひねる

❻ボールを手にヒットさせる。ヒットの瞬間、ボールに負けないようグッと力を入れる

❼打ち終わった後も手は止めず、その勢いのまま振り上げる

❽手は勢いのまま自然にフォローし、目はボールの行方を追う

Point

スイングの軌道が曲がっていると打球の方向がまっ直ぐにならなくなってしまう。ボールを打つ際に打球を打ちたい方向へ足が向いているかとスイング方向が一致しているかを確認しよう。

CHECK!
アンダーハンドサーブ

基本姿勢

左手・左腕

左手でボールを持つ(左利きの人は右手で持つ)。手で指を開いて手のひら全体で持つ感じで、肘は軽く曲げて、お腹の前に置く。

構え

ボールを持った方の足を前に出して打球方向に対して半身で構える。膝は軽く曲げて、楽な姿勢で。

スイングの軌道とトス

横から見た腕の軌道

構えた姿勢から右手を後方に自然に振り上げ、左手のボールを浮かすようにトスをする。

正面から見た腕の軌道

トスはスイングする手の軌道に落ちるようにする。

上半身をひねりながら手が出てくるので、少し体側から離れた曲線の軌道になる。

自己点検してみよう

動きのバランスとスイング

- ○つま先を打つ方向に向け、前足に重心を移動させながらトスを上げ、スイングに入る
- ○肘を曲げないようにしてスイングする
- ○スイングしながら完全に前足へ重心を移動させる
- ○ボールを打ち出す方向へ自然にフォロースルーを取る

ボールの捕らえ方

- ○下からボールを救い上げるようにヒットして打つ
- ○トスされたボールをよく見てタイミングを合わせる
- ○打つ方の手は軽く握り、拳を中心にヒットする
- ○ネットの高さと飛ばす方向を考えて打ち出す

比べながら考えてみよう

中学生と大学生のアンダーサーブ、どこがどう違う?

どんなスポーツもそうだが、指導者に言われたままのことをやっている人は、成長の度合いが少ない。もちろん、話を聞くことは大事だ。だが、聞いたうえで、自分で考え、実践し、さらに工夫し、さらに考えて実践する、という人のほうが伸びると私は思っている。このサーブのPARTでは、中学生と大学生のプレーの写真を比較するページを作ってみた。「どこ

アンダーサーブ

MEMO 気づいたポイントを書き出してみよう

が違うのか？」「どちらが、どのようにいいのか？」「なぜ、それがいいのか？」などと、みなさんも考えてみてほしい。私の意見はあえて言わない。自分なりに気付いたことを、本の空欄にメモしていこう。「自分で考えてプレーする」ということの一助になればいいと思っている。

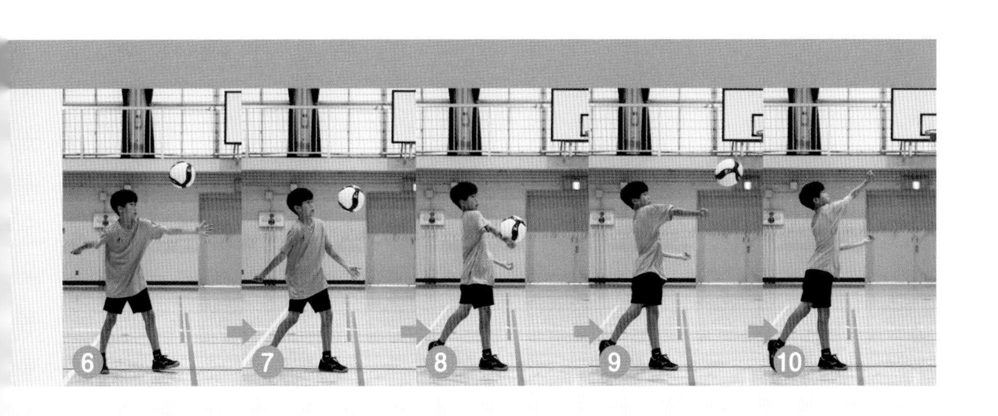

フローターサーブ

変化をつけやすくコントロールしやすいサーブ

セット　トスとテイクバック

①指を開き、手のひら全体でボールを持ち、ボールを持った方の足を少し前に出して、ボールを打つ方向へ前足を向け構える

②ボールを体のやや前方に軽く上げる

③トスを上げるタイミングで、前足を踏み出しながらボールを打つ腕を後ろに引き、上半身はひねる。この段階では、はじめは体の重心は主に、後ろ足にかかっている

④後ろ足に乗せていた重心を前足に移動させながらスイングしていく

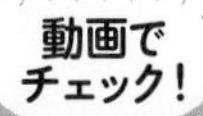

正確性の高いサーブとして、男女を問わず、最も一般的なのがフローターサーブだ。トスを高く上げる必要がないので、体の動きによるぶれも少なく、コントロールしやすい。また、打ち方によってボールに変化をつけることもできる。工夫すれば、自分だけにしか打てないオリジナルのサーブをつくることも可能だ。

スイングとヒット

フォロー

❺前足に体重を移動させながら、ひねった上半身を打つ方向に向けつつ、肘が下がらないようにスイングしていく。肘が下がらないようにすることが大事だ

❻ボールを肩のやや前方で捕らえる。手首は返さず、できるだけ高い位置でヒットする

❼❽フォロースルーは自然に腕を振り下ろす

Point

基本的には打ちたい方向へ全ての力が働くようにすることでコントロールが発揮される。そのため、初めの構え姿勢から前足の向きを考え、続いてスイング方向をその方向に合わせていくことがポイントになる。

CHECK!
フローターサーブ

基本姿勢

手

打たない方の手で指を開いて手のひら全体でボールを持ち、肩の高さぐらいに構える。打つ方の手は、テイクバックの準備状態にしておく。

足と上半身

ボールを持った方の脚を前に出して、上半身は打球方向に対して正対できるように準備する。

トスと打つ体勢づくり

◯自身の打点の高さを考えてトスの高さを決める
◯前足を打ちたい方向へ足を踏み出しながらトスを上げる
◯トスを上げる時は、一度後ろ足に重心を乗せた後、スイング開始直前に前足に重心を移していく

自己点検してみよう

スイング

肘

打点が高くなるように、肘を落とさないでスイングする。

方向と角度

サーブする際の飛距離や方向を考えて、打ち出す角度とボールをヒットする際の力加減を考えて打つ。

ボールの捕らえ方

○スイング時には手のひらを開いて軽く力を入れて形をキープする
○手のひらでボールの中心を押し出すようにヒットして打球が無回転になるようにする
○ボールをヒットする側の肩の少し前方かつできる限り肘を伸ばした高さで捕らえる

比べながら考えてみよう

中学生と大学生のフローターサーブ、どこがどう違う?

フローターサーブ

MEMO　気づいたポイントを書き出してみよう

中学生と大学生では、体格やパワーが違うのは当然だ。だが、重心移動、トスの位置、スイング、ボールの捕らえ方、フォローなど、細かく見ていくと違いに気付く。その気付きは、自分のプレーを変えるきっかけになるはずだ。

ジャンプフローターサーブ

スピードがあり変化もする強烈なサーブ

構え　トス　踏み切り　テイクバック

❶打つ方向へ正対してボールを両手でおなかの前で持ち構える

❷助走を開始しながらボールを前方の上方へ打点の高さを意識してトスする

❸助走からエンドラインの手前で軽く踏み込む

❹スパイクと同じように、両足で踏み切ってジャンプする

❺踏切った後、トスを上げた手をそのまま頭上に上げ

フローターサーブをより高い打点から、そして助走の勢いを加えて打てるのが、ジャンプフローターサーブだ。フローターサーブと比べ、軌道がより直線的であるものの、このため手元で伸びることもあれば、グンと落ちることもあり、レシーブの対応がしづらい。だが、一方でアウトやネットにかかったりしやすく、毎回、同じ動作で打つことが重要である。

スイング

ヒットとフォロー

⑥その流れのままテイクバックの姿勢に入る
⑦テイクバックが取れたら、タイミングを計ってスイングを開始する
⑧フローターサーブと同様に、肘を高い位置に上げたままスイングする
⑨ボールを少し押し出すようにしてまっすぐに打ち出す
⑩インパクトの後は、力の伝わり方を意識しながら振り切る

ジャンプフローターサーブでは威力ある打球を打つことができるのだが、比較的打球が直線的に飛ぶため、ただ強く打つだけではアウトになってしまう。そのため、力の加減や変化のつけ方を見つけることが重要だ。

CHECK!
ジャンプフローターサーブ

習得のコツ

「ジャンプフローターのタイミングが合わない」という人が多い。たしかに、助走、トス、踏み切り、ジャンプ、スイングという複数の動作が1～2秒間に盛り込まれているので、複雑に感じるのも無理はない。だが、一つ一つの動作は単純だ。そこで、このサーブに取り組む時は、最初は「ゆっくりと助走(一歩助走でよい)」「高く跳ばない」「短い距離を打つ」ということから始めよう。そのうちタイミングがわかってくるので、少しずつ助走のスピードを上げ、高く跳び、打つ距離を伸ばしていけばいい。

助走とトスと踏み切りはリズムで

仮に、ジャンプまでの流れを音で表現すると、「タ・タ・タ・タ・シュポッ・タタン・シュー・バシッ！」という感じだろうか。「タタタタ」と走ってきて、「シュポッ」とトスを上げ、「タ・タン(左足・右足)」と踏み切り、「シュー」とジャンプして、「バシッ」と打つ。こうやって書いたり、頭で考えると難しいが、要は、トスを上げたら、スパイクと同じように左足・右足で「タ・タン」と踏み切って、打つだけだ。最初は、トスを顔の少し上に上げるくらいのつもりでやるとうまくいく。

自己点検してみよう

動作のバランス

◯右腕と左腕の前後の入れ替え動作をスムーズに行うために、踏み切り時に両上肢をしっかり振り上げてジャンプして素早くテイクバックの姿勢をとる。

ボールの捕らえ方

◯前加重の状態でボールをヒットする
◯ボールの中心をヒットして打球が無回転になるようにする
◯ボールをヒットする側の肩の少し前方かつできる限り肘を伸ばした高さで捕らえる
◯軌道を考えて、打球が飛び過ぎないように力の加減する

PART 6

比べながら考えてみよう

中学生と大学生のジャンプフローターサーブ、どこがどう違う？

ジャンプフローターサーブ

MEMO　気づいたポイントを書き出してみよう

ジャンプフローターは、基本的にボールが無回転で飛んでくる。ボールはよく見ると小さなディンプル(凸凹)が多数ある。それによりボールが変化するのだ。近年、トップ選手は時速100キロ超のボールを打つ。しかも、スパイクサーブとのハイブリッド(混成)もあり、打たれるまでどんな球筋が来るかわからないのである。

スパイクサーブ

スパイクと同等の破壊力を持つサーブ

構え方 ＞ トスと助走 ＞ 助走から踏み切り

❶基本的にはネットに向かって正対して構える。ボールは打つ方の手、または両手で腰ぐらいの高さで持ち同側の足を前に出して構える

❷ボールを前方の上方へ高くトスし助走を開始する。トスは左右にぶれたり、前後にずれないよう一定にする

❸トスされたボールを見てタイミングを計りながら助走から踏み切りへと加速する

❹エンドライン手前で踏み切りに入る

トスを高く上げ、ダイナミックなフォームからくり出すスパイクサーブ。ボールをヒットするまでの動きが大きく、そこにトスの重力も加わるため、強いボールが打てる。習得すれば、相手にとっては脅威だ。強く打っても成功率を上げるには、トスを安定させ、同じフォームを再現できるようにすることだ。

動画でチェック！

スイング　フォロー

❺❻スパイクと同様に、両腕を後方へ大きく引き、勢いよく上方に振り上げる
❼高くジャンプして、そのままテイクバックの姿勢に入る
❽テイクバックの姿勢から上肢の入れ替え動作を行う
（左手を引きながら右腕を出していく）
❾体幹を中心にしてスイング動作を行う
❿ボールをヒットした後もスイングを振り切る

Point

特にジャンプサーブは他のサーブよりもトスを高く上げるため、トスの精度がそのパフォーマンスに大きく影響しやすい。そのため、トップ選手でも毎日の練習でトス練習を多く積み重ねているのだ。

CHECK!
ジャンプフローターサーブ

トスの安定性

スパイクサーブを成功させる一番のカギは、安定したトスを上げられるかどうか。常に一定のトスの高さ、位置に上げることが絶対条件だ。打つ側の手でトスを上げるのが基本だが、安定しない場合は、両手で上げたり、軽く膝の屈伸を使って上げてもいい。また、練習では落下場所に目印を置き、トスだけをくり返し行って安定性を高めるのも効果的だ。

目印を置いたトスの練習

タイミングを計る

トスの安定と同時に、ヒットポイントに至るまでの「ボールの動く時間」と「自身の動く時間」を把握しておくことも重要だ。また、トスされたボールの軌道の頂点を見極めることも大事である。ボールが上昇している時は、助走はボールの方向や高さを見ながら合わせていき、落下し始めてからは一気に加速する感じになる。

トスの上昇時は
ゆっくりめ

トスの落下時は
一気に加速して踏み込む

自己点検してみよう

動作のバランス

◯上肢の入れ替え動作をスムーズに行うために踏み切り時に両上肢をしっかり振り上げてジャンプする
◯テイクバックをしっかりとることで打力が上がる
◯重心を前方へ移動させながらボールをヒットする

ボールの捕らえ方

◯肩よりも前の位置でボールを捕らえる
◯ボールを打つ瞬間に手首を返すようにしてボールに強い回転をかけるようにする

PART 6

比べながら考えてみよう

中学生と大学生のスパイクサーブ、どこがどう違う？

スパイクサーブ

MEMO　気づいたポイントを書き出してみよう

スパイクサーブの空中での動作は、基本的にスパイクの時と同じ。全身のバネを使い、力をボールに伝えられるよう腕を振り切ることが重要だ。打つ瞬間に手首を返してボールに強い回転をつけられないと、相手コートのエンドラインをオーバーしてしまう。

COLUMN

すべてのプレーに共通する大切なフットワーク

バレーボールは「9ｍ×9ｍ」のコート内に6人が立っている。サッカーやラグビーのように広い範囲を走ることはなく、狭い範囲を機敏に動く競技だ。たしかに、ワンタッチボールを追いかけて長い距離を走ることもあるが「フリーゾーンの範囲はエンドラインから6.5ｍ、サイドラインから5ｍなければならない」と定められており、国際大会でも、競技エリアはこの範囲内で収まっている。中学や高校の試合などは学校の体育館で行われることが多いため、これより狭い範囲で動くことがほとんどだろう。

つまり、多くの場合は2〜3ｍ、守備範囲や攻撃範囲の広い選手でも5〜6ｍを機敏に動くことが要求される競技なのである。そのために重要視されるのがフットワークだ。

みなさんも細かいステップワークの練習をするだろう。同じ動きをくり返し、くり返しやる。苦しいし、面白くもない練習だと思うが(私もかつてはそう思っていたが)、機敏かつ安定したプレーをするには、これがとても重要なのである。

そして、フットワークがしっかりできている選手はケガにも強い。せっかく技術を高めても、故障したらパフォーマンスは上がらない。そのためにも、日ごろの練習から、確かなステップワークができるよう、意識して動いてみてほしい。

次ページに挙げた2つの事例は、私がバレーボール教室でよく質問されることと、それに対する回答だ。どちらも、うまくいかない原因はフットワークにある。

Q1 ボールの落下地点にうまく入れないのはどうして？

A 原因1　前後移動がバタ足になっているから！

ボールの落下地点まで移動する距離が比較的長い時、また、後方へ移動するときも、体をひねらずにそのまま後ずさりのフットワークで下がると、ボールに追いつけずにバンザイの姿勢になってしまうことが多くなる。

前方への移動は、体の中心に沿って足を出すようにイメージしながら踏み出す。

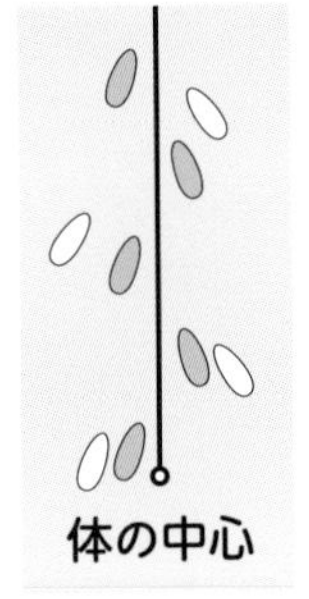

後方への移動は、ボールの落下地点までの距離を判断し、近い場合は、体の中心に沿って足を出す。距離が長いと感じた場合は、すぐに体をボールの飛んでいく方向にひねり、走り出す。この2つのフットワークを使い分けよう。バタ足（体の中心から外れた足の運び）は、体のバランスが崩れるため、移動の速度も遅いし、目線も定まらないため、落下地点に入れなくなってしまうのだ。

A 原因2　第一歩目が悪いから！

フットワークで重要なのは、第一歩目の動きだ。まずは素早くスタートして、ボールの落下地点に近づくにつれて、余裕をもってプレーできるフットワークが何よりも大切になる。

たとえば、移動する方向の足を一歩動かしてからクロスステップを始めると、スタートが遅れ、ボールの落下地点に素早く入ることが難しくなる。

ボールに追いつくには、サイドステップでいけるのか、クロスステップじゃないと間に合わないのかを見きわめ、距離や打球の速度にあったスタートができるようにしよう。また、構えている時に膝をあまり曲げずにいると、体の重心が高くなり、瞬時にスタートがきれない。足のどこに体重をかけたら素早く反応できるのかを確認し、その姿勢を維持しよう。

Q1 ボールをうまく捕らえられないのはどうして？

A 原因1　移動中の目の動きが不安定だから！

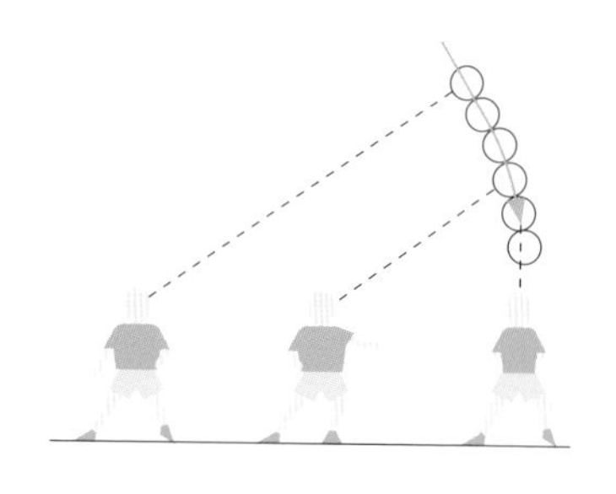

ボールの落下地点に入ってきちんと構えているのに、正確にパスやレシーブをできない人は意外に多い。

この原因は、目の動きが不安定だからだ。ボールの落下地点に移動している時に、腰の位置を一定に保つことができないため、頭が上下して、ボールを目線がブレた状態で見て、ヒットポイントにズレが生じてしまうのだ。

移動中の目線を安定させるためには、腰の位置を一定に保つことがポイントになる。膝の曲げ具合を調節して、腰を一定の高さに保ちながら移動できるようになろう。

A 原因2　ストップができていない！

ボールの落下地点に入っても、足を踏ん張ることができず、安定した体の状態をつくれないと、その後のプレーも不安定になってしまう。

遠くのボールにぎりぎりに追いついた場合を除き、基本的には、ボールの落下地点に入ったら、きちんと体を静止して安定させる。そのためには、足に体重をかけ、ピタッとストップする。常に重心を体の中心に置き、構え姿勢をできる限り崩さず移動することで、それが可能になる。ただし、顔だけが前に出るような低い姿勢は、不安定の原因となるので要注意だ。

ストップを利かせる練習としては、シンプルだが、反復横跳びが適している。

各ポジションやルール…

バレーボールの構造を知っておこう

基礎知識編

ルールを知らなければゲームはできない。各ポジションの役割を知らなければ、いくらプレーが上達しても、チーム内の動きはちぐはぐになる。そこでここからは、必要な基礎知識をごく簡単に紹介していこう。

コート・用具の規格

パフォーマンスを存分に引き出すための基礎知識

コート

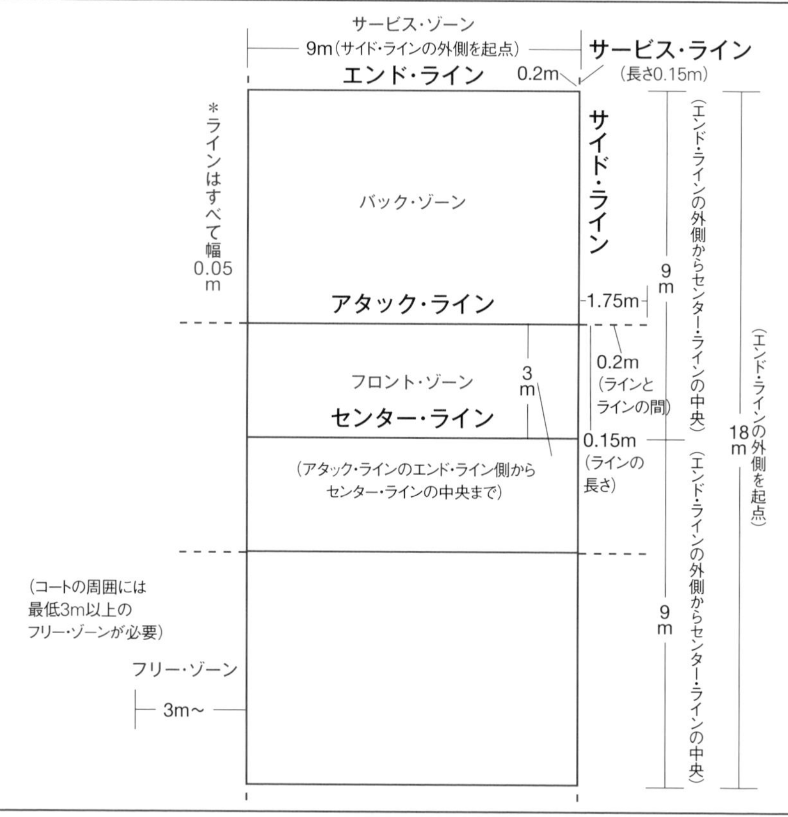

ネット

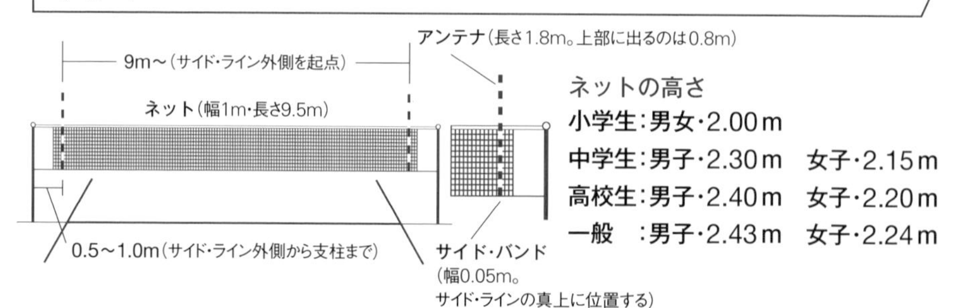

ネットの高さ

小学生：男女・2.00m

中学生：男子・2.30m　女子・2.15m

高校生：男子・2.40m　女子・2.20m

一般　：男子・2.43m　女子・2.24m

ボール

規格 ＊以下のことがルールで定められている。

ボールは球状で、ゴムまたはその類似材質の内袋を持つ、柔らかい皮革あるいは合成皮革でつくられたものでなければならない。色は明るい単色、または複数の色の組み合わせでもよい。国際公式大会で使用されるボールの合成皮革素材と色の組み合わせは、FIVB規格に合ったものでなければならない。

均一性

1つの試合で使用されるすべてのボールは、円周、重さ、内気圧、タイプ、色などが同じ規格でなければならない。

円周と重さ

[一般·高校男女]	円周:65~67cm	重量:260~280g
[中学男女]	円周:62~64cm	重量:240~260g
[小学校男女]	円周:62~64cm	重量:200~220g

ボールの特性

みなさんが使っているバレーボールは2種類のうちのどちらかだろう。「ミカサ」か「モルテン」で、これはボールのメーカー名である。

中学や高校では、男子と女子で年度ごとに入れ替わるケースが多い。たとえば「2023年度は男子がミカサ、女子がモルテン」、「2024年度は男子がモルテン、女子がミカサ」のように入れ替わるのだが、これによってプレースタイルも若干の修正が必要になる。なぜなら、ミカサとモルテンでは構造が違うからだ。触感や打感も違うし、変化の仕方も違う。

右は、私の個人的な感覚だが、2つのボールの違いを記しておこう。

ミカサ

フローター系のサーブで変化量が多め。

モルテン

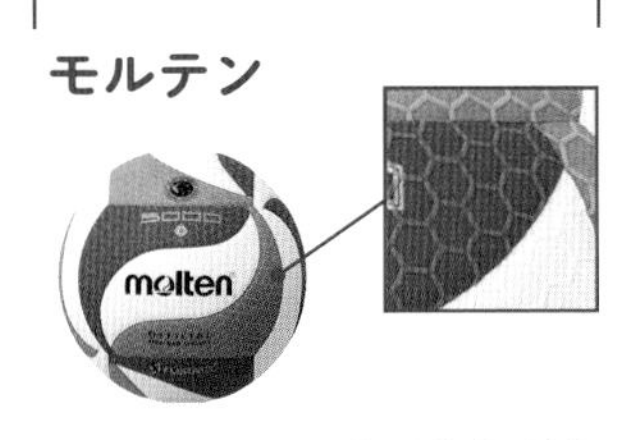

スパイクサーブで速度が出しやすい。

ルールの説明

ポジショニングやボールの接触回数など、プレーに関する主なルール

プレーとボールのイン・アウト

プレーのイン・アウト

主審の許可(吹笛＝ホイッスルを吹く)によって、サーブが打たれたときから、ボールは「イン・プレー」となる。

イン・プレーとは、ボールがプレーされている間のことで、この間に反則行為を行うと罰せられる。

反則が起きた瞬間とボールがイン・アウトした瞬間に、ボールは「アウト・オブ・プレー」となり、主審または副審が吹笛をする。

ボールのイン・アウト

ボールがコート上に落ちたとき、サイド・ラインやエンド・ラインの完全に外側であれば「ボール・アウト」になる。内側であれば「ボール・イン」になる。少しでもラインに触れていれば「ボール・イン」になる。

ボールがサイド・バンド、サイド・マーカー(アンテナ延長線上)の外側、あるいは真上を通るか、触れて相手コートに入ると「ボール・アウト」となる。

セットの勝敗とサーブ権

試合は一般的に3セットマッチか5セットマッチで行われる。3セットマッチでは2セット、5セットマッチでは3セット先取したチームが勝ちとなる。

各セットは、ラリーポイント制(反則や攻撃が決まった場合に得点となる方法)の25点先取で行われる。ただし、3セットマッチの3セット目、あるいは5セットマッチの5セット目は、15点先取となる。また、25点目(フルセット時の15点目)は2点差以上をつけなければならない。

レシーブ側が得点したときはサーブ権(サーブを打つ権利)も獲得でき、サービス側のチームが得点した時は、サーブ権をもったままプレーを続行する。

3セットマッチの場合

	1セット	2セット	3セット	
Aチーム	25	13	25	勝ち
Bチーム	10	25	20	負け

2セットめをAチームがとっていれば、
その時点で2セット先取になり、試合終了となる

5セットマッチの場合

24対24になったら、
2点差がつくまでゲームは続く

5セットマッチの場合は、
5セットめは15点先取

	1セット	2セット	3セット	4セット	5セット	
Aチーム	15	29	25	17	11	負け
Bチーム	25	27	20	25	15	勝ち

どちらかが3セットめまで連取すれば、
その時点で3セット先取になり、試合終了となる

ポジションとローテーション

各ポジションの位置は、各セット開始時のポジションを基準に、サーブ権が移るごとに、1つずつ時計回りにローテーションしていく。攻撃・守備に関係なく、サーバー以外はサーブが打たれた瞬間まで、正しいポジションの位置にいないと反則となる。

ポジショナル・フォールト

サーブが打たれるまでの各プレーヤーが位置するポジションの反則。サーブの瞬間に、後衛プレーヤーの足が前衛プレーヤーと並んでいたり、前に出ていると反則となる。左右についても、前衛プレーヤー同士、後衛プレーヤー同士の足の位置がわずかでも左右のプレーヤーを越えていると反則となる。

アタック・ヒットの制限

後衛プレーヤーによるフロント・ゾーンからの攻撃制限の反則。後衛プレーヤーは、アタック・ラインより前からの攻撃には参加できない（ブロックも含む）。バックアタックは、アタック・ラインを踏むか、踏み越えるとフロント・ゾーンからの攻撃とみなされ反則となる。また、フロント・ゾーン上においてボールをネットより高い位置で相手コートにボールを入れるプレーをすると反則になる（ボールが少しでもネットの高さより低ければよい）。

ネット付近の反則

センターラインを越えて、相手コートに侵入してはならない。ただし、相手コートに侵入している片方の足（または両足）の一部がセンターラインに触れているか、センターラインの真上の空間にあれば、その足は相手コートに触れてもよい。また、相手チームのプレーを妨害しない限り、ネットの下で相手空間に侵入や、足首より上の体のどの部分が相手コートに触れてもよい。

ボールをプレーする動作中にプレーヤーが、ネットおよびアンテナに触ると反則になる（タッチネット）。動作中とは、（主に）踏み切りからヒット（またはプレーの試み）と安定した着地、新たな動作への準備が含まれる。

ボールに触れる回数

自陣のコート内では、3回までしかボールに触ることができない。4回以上触ると「フォア・ヒット」という反則になる。同じプレーヤーが2回連続して触るのも反則(ダブル・コンタクト)。ただし、ファーストレシーブやブロック時など、例外となる場合もある。

敵方との同時接触

ネット上で味方と相手のプレーヤーがボールに同時に触れ、そのボールが味方コートに返ってきたときは、その後3回のボール接触が許される。

ヒットの特性

ボールは体のどの部分に触れてもよい。ボールをつかむこと、投げることは許されない。ボールはどの方向にはね返ってもよい。

ファーストレシーブのダブル・コンタクト

相手からのボールを受けるレシーブ(ファーストレシーブ)は、1つのプレー動作中なら、ボールが体の2か所以上に連続して接触しても許される。

味方の同時接触

味方のプレーヤー同士が同時にボールに触れた場合、ボールに触ったプレーヤーの人数分の回数がカウントされる。

[ブロックの場合]

ブロックのカウント

ブロックのワンタッチはカウントされないため、その後3回のボール接触が許される。

ブロック後の接触

ブロックしたボールが自陣のコートに入った場合は、ブロックしたプレーヤーを含めて誰が触ってもよい。たとえば、ブロックしたプレーヤーでも、ボールに連続して2回触ることができる。

ブロックの同時接触

ブロックした2人のプレーヤーがほぼ同時にボールに触れた場合は、ブロックにおけるワンタッチとみなされボール接触のカウントはされない。その後、ボールが自陣のコートに入った場合は、3回の接触が可能である(ブロックしたプレーヤーもブロック後のボールに触れることができる)。しかし、同時にブロックに跳んだとはいえ、離れたブロッカー同士にそれぞれボールが触れた場合、最初の接触のみがブロックとみなされ、次のブロッカーの接触は3回の接触のうちの第1回目とカウントされる。

サーブに関する主なルール

フット・フォールト

サーバーは、サービス・ゾーンの範囲でエンド・ラインの後ろからであれば、どこからボールを打ってもよい。しかし、エンド・ラインを踏んで打つと反則になる。サーバーはヒットの後、サービスゾーン外やコート内に踏み込んでも、着地してもよい。

スクリーン

味方がサーブする際に、コート内のプレーヤーが1人または集団で、そのサーブのコースの真下で手を振る、ジャンプをする、左右に動くなどして、相手のレシーブの邪魔をすること。幕(スクリーン)をつくって見えなくするという意味。

ローテーション・フォールト

サーブするプレーヤーの順番を間違えると反則となる。

サービスの制限

トスを上げて、片手でボールを打たないと反則となる。

ブロックに関する主なルール

ブロックの制限

相手がサーブをしたボールをブロックした場合、反則となる。

プレーヤーの制限

後衛プレーヤーがブロックをした場合、反則となる。参加だけでは反則にならないが、ボールに触れなくても参加したブロックが成功すれば反則となる。

敵方空間でのブロック

相手方のプレーを妨害しない限り、ネットを越えて両手や両腕を出すことができる。

相手方プレーヤーがアタック・ヒットを実行するまで、ネットを越えてボールに触れることはできない。しかし、相手方の第3回目の打球がネット際に飛んできて、なおかつ相手方にそのボールを触れることのできるプレーヤーが近くにいなければ、相手方空間でブロックができる。

イエローカードとレッドカード

イエローは「罰則につながる不法な行為」で、その試合中で次からは罰則になる。レッドは相手チームに1点とサービスを与える「罰則」が適用される。イエローとレッドを一緒に示されると「退場」でその選手はそのセットのプレーができなくなる。イエローとレッドを別々に示される「失格」は、試合終了まで競技エリアを離れなければならない。

審判のハンドシグナル

主審・副審のハンドシグナル

サービス許可
サービスの方向を
手で示す。

サブ・スティチューション
（メンバーチェンジ）
両腕の前腕を体の前で回す。

セット（ゲーム）終了
胸の前で両腕を
交差させる。

ポジショナル・フォールト
（ポジション／ローテーションの反則）
人差し指で下を示して
円を描く。

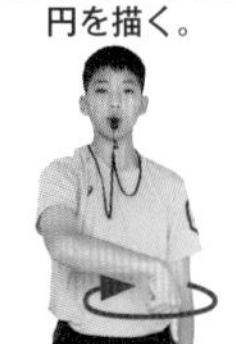

サービス側のチーム
次にサービスをするチーム
側の腕を横に上げる。

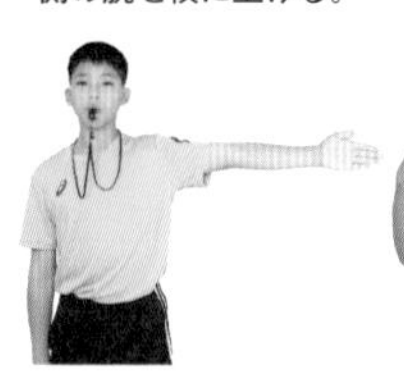

軽度の不法な行為 警告／ペナルティ
警告として
イエローカードを示す。
（ペナルティの場合は
レッドカードを示す）

サービス反則
（ボールをヒットしなかったか
トスをしないで打ったとき）

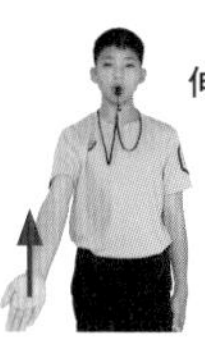

腕を前方に
伸ばしたまま、
手のひらを
上に向けて
上げる。

ボール・イン
ヒジを伸ばして、手のひら
を上に向けてさす。

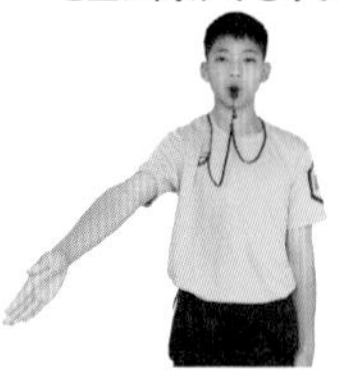

チェンジコート
（コートの交換）
両腕を体の前で回す。

失格
レッドとイエローのカード
を同時に示す。

ディレイ・イン・サービス
（サービスの8秒ルール違反）
両手の指で8を示す。

ボール・アウト
ヒジを曲げて前に出した
両手を上に上げる。

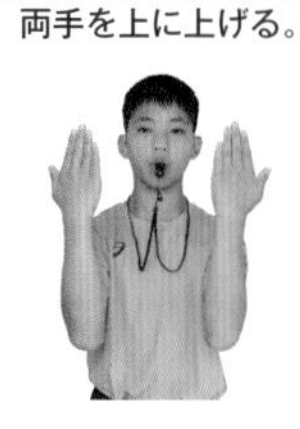

タイム・アウト
片腕を立てもう一方の腕を
横にして、Tの字をつくり、
要求したチームを示す。

後衛プレーヤーの ブロック／スクリーン
ブロックは両
手を上に上げ
る。スクリー
ンは両手を真
上に上げる。

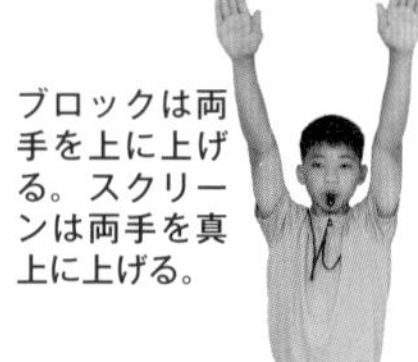

キャッチ
（ホールディング）
片方の手の
ひらを上に向け、
前腕をゆっくり
上げる。

オーバーネット
手のひらを下に向け、
ネット上方にかざす。

試合をスムーズに行うためにも、アウト・オブ・プレーになった際に示される、審判・副審・線審のハンドシグナルの意味を知っておこう。

ダブル・コンタクト
（ドリブル）

片手の指で2を示す。

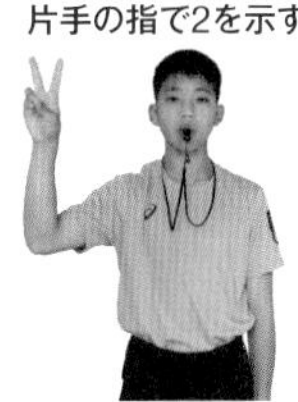

後衛プレーヤーのアタック・ヒットの反則

片腕を上に伸ばし、ヒジを曲げて顔の前に振り下ろす。

フォア・ヒット
（オーバータイムス）

片手の指で4を示す。

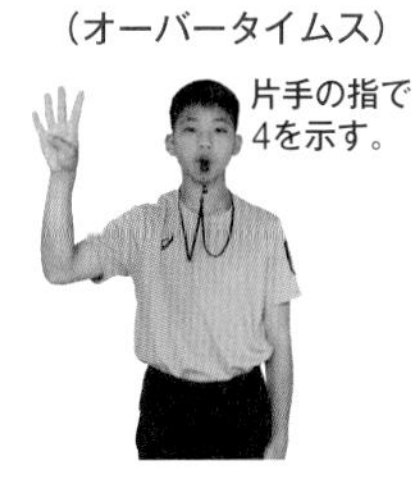

ペネトレーションフォルト*

片手でセンターラインを指さす。

*ボールがネット下を通過した時も同様。サーバーがコートのラインに触れた時やサーブヒット時にサーバー以外の選手がコートから出ていた時は該当するラインを指す。

タッチネット

反則したチーム側のネットを示す。

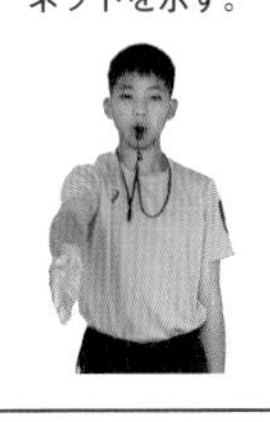

ダブル・フォルト
（ノーカウント）

両方の親指を立て、両腕を上げる。

ワンタッチ

垂直に立てた手の指先を、他方の手でブラシをかけるようにする。

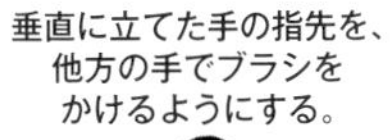

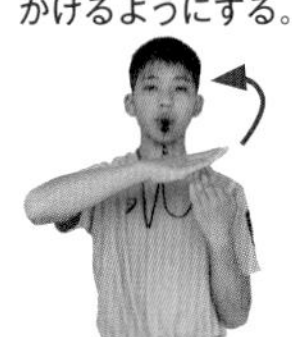

遅延警告および遅延反則

手首をもう一方の手（もしくはイエローカード）で触れる。

線審のハンドシグナル

ボール・イン

フラッグを下に差し出す。

ボール・アウト

フラッグを上げる。

ワンタッチ

フラッグを立て、もう一方の手のひらをフラッグの先端にのせる。

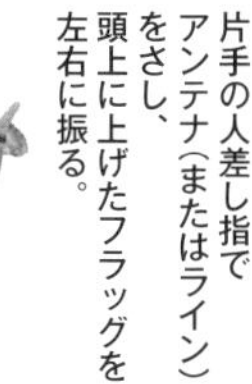

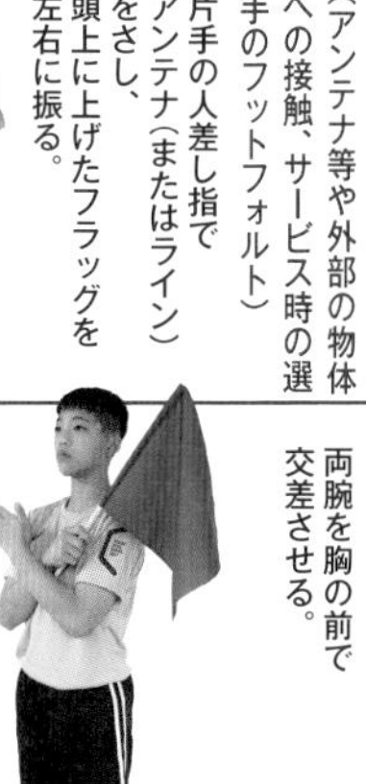

アンテナ外側通過
（アンテナ等や外部の物体への接触、サービス時の選手のフットフォルト）

片手の人差し指でアンテナ（またはライン）をさし、頭上に上げたフラッグを左右に振る。

判定不能

両腕を胸の前で交差させる。

ポジション　POSITION

知っておきたい役割の鉄則

鉄則1 前衛プレーヤーは得点狙い。後衛プレーヤーは攻撃につなげる

ネットに向かって左の位置がレフト、真ん中がセンター、右がライトと呼ばれ、それぞれ前衛プレーヤーと後衛プレーヤーに分けられている。

サーブ権を得ると、ローテーションによって位置が変わっていくが、前衛プレーヤーは基本的にスパイク、ブロックなどの攻撃面で得点をする役割と、フェイントなどブロックの周辺に落ちてくるボールをレシーブする役割をもち、後衛プレーヤーは相手の攻撃をレシーブして味方の攻撃につなげる役割と、バックアタックなどで攻撃する役割をもつ。

得点狙いの前衛プレーヤー

前衛レフト (Front Left)
前衛センター (Front Center)
前衛ライト (Front Right)

後衛レフト (Back Left)
後衛センター (Back Center)
後衛ライト (Back Right)

攻撃につなげる後衛プレーヤー

鉄則2 中心となるプレーヤーをバランスよく配置する

各ポジションの配置は、前衛・後衛に分けてコートの対角線にそれぞれ同じような役割をもつプレーヤーを置くことが基本だ。この配置により、誰がどのポジションになっても、各プレーヤーの特徴を活かすことができ、攻・守ともに偏りが少ないバランスがとれる。極端に弱いローテーションが出ることがないようにすることが前提だ。

一般的な対角線配置法

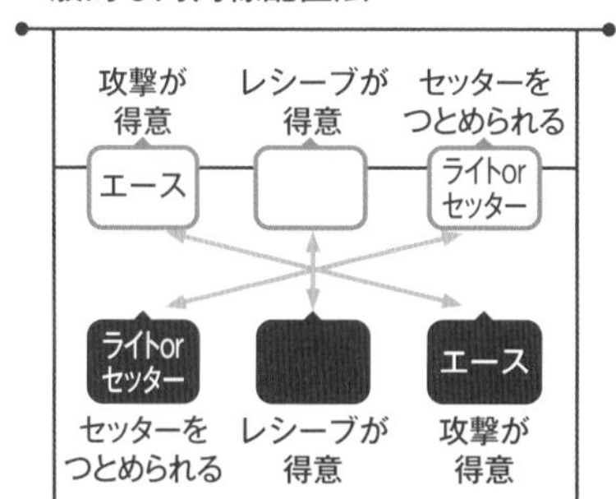

エースが3人の場合の三角配置法

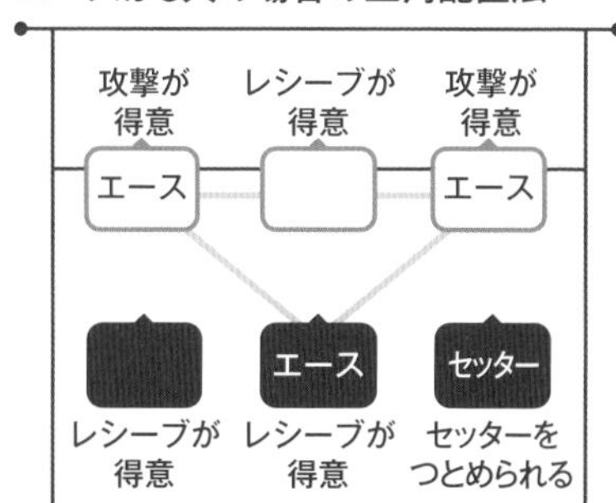

鉄則1 フォーメーションは6つの顔をもつ

バレーボールは味方のミスが出た時に、他のプレーヤーがそれをフォローして得点に結びつけられるか否かで、チーム力が大きく違ってくる。そのためフォーメーションを決めるには、味方のプレーヤーをお互いにフォローできる、偏りのないポジション取りをすることが大切だ。チーム事情により、攻撃重視、守備重視のフォーメーションを組むことはあるが「自分のプレーが良ければいい」などと思っている人が1人でもいると、フォーメーションはうまく機能しなくなる。全員が機能することがバレーボールの大前提なのだ。

鉄則2 中心となるプレーヤーをバランスよく配置する

各プレーヤーには、身長の高さ、瞬発力や機敏性などの運動能力、判断力、精神力など、個性や能力の違いがある。スパイカーを希望しても、適正な能力がなければ、その役割を果たすことはできず、自分の長所を生かすことができない。

基本的に、セッター以外はオールラウンドな役割をこなせるのが理想だが、各プレーヤーはの得意な動きや特徴などを見極め、チーム全体で役割・配置を決めていくことが大切だ。

ポジションの構成と役割

ポジションの位置や分類と、主なチーム編成

コートポジションの位置

コートポジションとは、コートにおける位置を表し、前衛3人と後衛3人に分けられている。サーブが打たれるまで、後衛プレーヤーが前衛プレーヤーより片足でも前に位置することは許されない。

サーブ権を得た時に右回りで1つコートポジションを変えなければならず、これを「ローテーション」という。

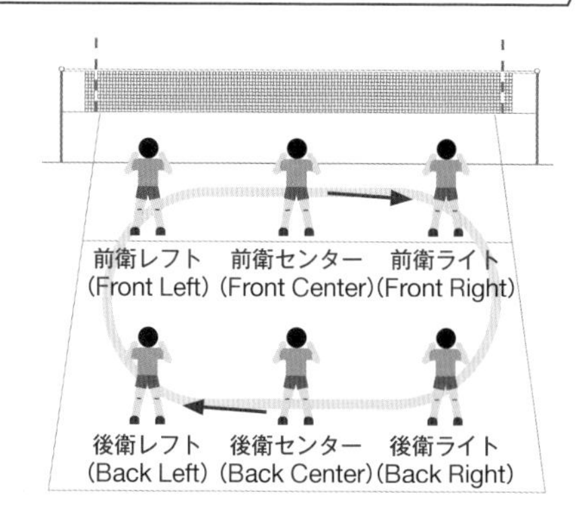

プレーヤーポジションの分類

プレーヤーの役割は、ポジションによって異なる。注意したいのは、ローテーションがどんな形になっても偏りがないようにすること。もちろん、チーム事情や戦術などによっても異なるが、基本的には同じ役割を対角線に置くようにする。チームによって、レシーブが得意なプレーヤーが多い守備型、多彩な攻撃ができる攻撃型と、その性格は変わってくるが、各プレーヤーの持ち味を最大限に生かせるポジション決めが大切になってくる。大まかには、右図のような要素がポジションの構成に反映される。

ただし近年は、すべてのプレーヤーにオールマイティーさが求められるようになってきたため、これらの役割も一概にはいえなくなってきている。

レフトからのオープン攻撃など、
どんな状況でも強打できる。
エースが多いポジション。

トスを上げ、
攻撃を組み立てる。
チームの司令塔となる。

クイック攻撃が得意で、
ブロックの核となる。

センター1
(Center 1)
C1

レフト1
(Left 1)
L1

セッター
(Setter)
S

R
ライト
(Right)

L2
レフト2
(Left 2)

C2
センター2
(Center 2)

ライトからの攻撃が得意で、
左利きのプレーヤーが有利。
セッターの代わりにトスを上げるなど、
オールマイティーな面も求められる。

2番手のセンター。
前衛に上がったときにクイックを打ち、ブロックの中心となる。

2番手のレフト。前衛に上がったときに、
レフトからのオープン攻撃や時間差攻撃などを行う。

チームの構成

[5-1システム]
セッターが1人しかチームにいない場合のシステム。この形が基本となる。

[4-2システム]
セッターが2人いて、残りの4人がスパイクを打てる場合のシステム。この形は常にスパイカーを前衛に2人置ける利点がある。

[6-2システム]
セッターが2人いて、なおかつ6人全員がスパイクを打てる場合のシステム。セッターを対角線に置く必要はあるが、常にスパイカーが3人、前衛にいる形となる。

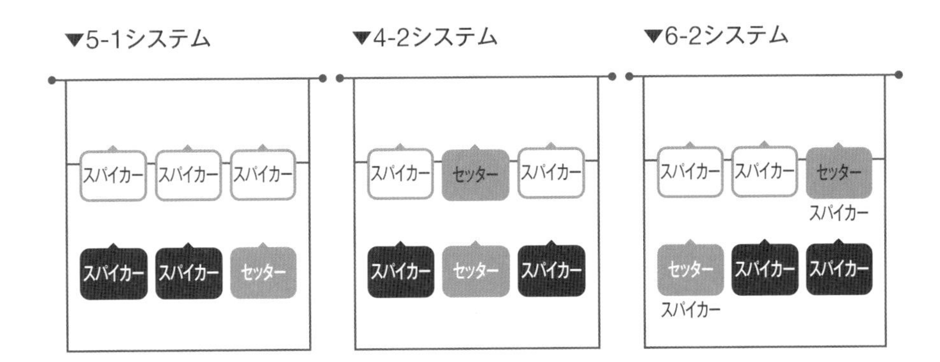

近年では、セッター対角のポジションを「オポジット」と呼ぶようになった。オポジットには、攻撃力のあるプレーヤーが配置される。セッターが前衛にいる時には攻撃が2人になってしまうが、後衛からバックアタックで攻撃できるオポジットがいれば、前衛の攻撃陣の手薄さを補うことができる。バックからも攻撃に参加するため、スパイクを打つ回数も多い。このため、サーブレシーブをしなくて済むような位置に陣取ることが多い。

各ポジションの特徴
それぞれのプレーヤーに要求されること

ポジションの役割

エーススパイカー／レフトからのオープン攻撃を中心に、時間差攻撃、ライトでのオープン攻撃など、バリエーション豊かなプレーをできる能力が求められる。ジャンプ力、精神的な強さをもつプレーヤーに向いているポジション。

センタースパイカー／クイック攻撃を中心に攻撃に参加し、そのいっぽうでブロックの柱となるのが、センタースパイカーの役割。とくに身長の高さを有効に活用できるポジションで、素早く移動できる敏捷性、器用さなどが求められるポジションでもある。

セッター／チームの司令塔の役割を担うセッターは、ゲームの状況や相手ブロッカーの動きを冷静に読み取る能力、攻撃を組み立てる創造力と判断力、トスを正確に上げられる技術などを求められる。チーム内でもっとも重要なポジションと言える。セッターの質が、そのままチームの実力に直結するため、豊富な試合経験が必要なポジションである。

レシーバー／通常、セッターも含めプレーヤーはよいレシーバーであることが理想だ。チーム状況にもよるが、攻撃面よりも守備面を期待されて起用されるのがレシーバーだ。相手のサーブやスパイクをセッターまでうまく送球することが役割のすべてといってよい。どんなボールでも拾う確実なレシーブ力と、精神的な強さも求められる。

リベロ／レシーブのスペシャリスト、それがリベロだ。リベロはレシーブ専門職で、チーム内で１人だけ違うユニフォームを着ているプレーヤー。攻撃に参加することはできないが、後衛のどのプレーヤーと何度でも交代することができるので、レシーブの苦手なプレーヤーが後衛に回ってきたら、フルに活用できる。

リベロとは？

リベロはフロント（前衛）ではプレーすることができない、レシーブの専門職。プレーの条件にはいろいろな制限がある。ここで、その制限を紹介しよう。
①バック（後衛）にいるどのプレーヤーと何度でも交代することができるが、コートから出るときは、入れ替わったプレーヤーとのみの交代となる。
②攻撃参加が許されていないため、どの位置にいてもネットよりも高いボールをアタック・ヒット（いわゆるスパイク）をしてはならない。サーブ、ブロックへの参加、フロント・ゾーン内において、オーバートスを上げることも禁じられている（アンダーハンドでのトスは許されている）。
レシーブがチームの弱点であるような場合、優秀なリベロが１人いるだけで守備力が強化されるので、その価値はより大きくなる。

各ポジションの必要な能力とは

Q1 良いスパイカーになるためには?

A どのコースへも粘り強くスパイクが打てること

身体的には身長が高く、ジャンプ力のあるプレーヤーがスパイカーに向いている。技術的には、①ブロッカーが付いても強打で打ち破れる打力、②幅広くコースに打てる、③セッターのトスが乱れてもワンタッチをとるなど、ラリーを続けることができるように工夫できる、④クロスゲームでも粘り強く強いスパイクを打つことができる、などが求められる。もちろん、強い精神力も必要だ。それらの要素が備わっていてこそ、高いスパイクの決定率を誇れる、よいスパイカーになれるのだ。

Q2 良いセッターになるためには?

A 攻撃を組み立てる読みと冷静さが必要

身体的には体が柔軟であること。技術的には、①どんなボールがきても一定のリズムでトスを上げることができる、②相手ブロッカーのポジション(立っている位置)をみて、どこへブロックに跳んでくるかを察知し、それを外すなどのかけひきができる、③攻撃を組み立てることができる、などが重要な要素となる。常にボールに触るポジションなので、冷静であることも必要とされるポジションだ。

Q3 よいレシーバーやリベロになるためには?

A すばやい反応と読みがカギ

身体的には、広い範囲を守ることができる足腰の強さと、どんなスピードのボールにも反応できる瞬発力が優れていること。技術的には、①フェイントなどのボールに対して、いち早く反応し、ボールの落下地点に移動できる、②相手のトスが上がった瞬間からどこにスパイクを打ってくるか、味方のブロックの状況を瞬時に判断してポジショニングできること、などが求められる。よいレシーバーはチームの士気を挙げる役割を担うことも多く、常に声を出すなど、元気であることも求められる。

用語解説

あ行

アウト・オブ・バーンズ●ボールがアンテナやその外側のネットに触れたり、コート外の者に触れる反則。

アイシステッド・ヒット●ボールに対してプレーしているプレーヤーに、他のプレーヤーが触れるなどして、そのプレーを助けたり、物体を利用してプレーする反則。

アタック・ライン●コート上のセンター・ラインの前(3メートル)にひかれているライン。ここよりも前がフロント・ゾーンになる。

アンテナ●ネットの両サイド・ライン上に取り付けられたポール。

イエローカード●スポーツマンシップに反する行為に対して出されるカード。反則を示す。

イン・プレー●サーブが打たれてから反則や得点などでそのプレーが終わるまで。

インナー●スパイカーが、相手コートのクロスよりもさらに鋭角に打つスパイクのコース。

エンド・ライン●コートを示す線のうち、コートのいちばん後ろを示すライン。

オーバー・ネット●ブロック以外のプレーで、前衛プレーヤーが相手コート上にあるボールにネットを越えて触れてしまう反則。

オープン攻撃●サイドからスパイクする戦術。最も基本となる攻撃方法。

か行

キャッチ・ボール●プレーヤーがプレー中にボールを持つ、投げる、運ぶなど、手や腕にボールを静止させたときの反則。以前はヘルド・ボール、ホールディングと呼ばれていた。

クイック●相手の守備陣形がととのう前にスパイクする戦術。速攻ともいう。A、B、C、Dがある。

クロス●スパイカーが、相手コートの対角線方向に打つスパイクのコース。

ゲーム・キャプテン●コート内プレーヤーのなかで、チームの監督から主将に指名されたプレーヤー。

さ行

サイド・アウト●サーブ権が変わること。

サイド・バンド●ネットの両サイド・ライン上に垂直に取り付けられたバンド(帯)。ラインと同じく幅は5センチで、長さは1メートル。アンテナはこのバンドの外側に取り付けられる。

サイド・ライン●コートを示す線のうち、ネットと垂直にひかれている2本の線。

サービス・ゾーン●サーブを打つところ。エンド・ラインの後方のゾーン。サイド・ラインの延長にひかれた短いラインによって区画され、幅は9メートル。奥行きはフリー・ゾーン(コートの周囲3メートルのゾーン。公式国際大会など、大会によって広さの基準は異なる)まで。以前はサービス・エリアと呼ばれていた。

サブ・スティチューション●メンバーチェンジ。

時間差攻撃●相手の守備をタイミングの変化によって崩す攻撃戦術。

スクリーン●サーブをする際に、コート内の他のプレーヤーが腕を振ったり、ジャンプしたりして、レシーバーの視界の妨げになること。

ストレート●スパイカーが、相手コートにまっすぐ打つスパイクのコース。

センター・ライン●ネットの下を通るコート中央のライン。

た行

タイム・アウト●1セットに2回とれる30秒の作戦タイム。
ダイレクト・アタック●相手からの返球を直接スパイクすること。
タッチネット●プレー中にネットに触れる反則。
ダブル・コンタクト●1人のプレーヤーが連続してボールに触れる反則。以前はドリブルと呼ばれていた。
ダブル・ファウル●敵と味方が同時に反則すること。
チェンジ・コート●コートを入れ替わること。

な行

2段攻撃●レシーブなどが乱れたときなど、コートのバック・ゾーンからネット際にトスを送ってスパイクする攻撃。
ノー・カウント●どちらのチームの得点にもならないこと。

は行

バック・ゾーン●アタック・ラインからエンド・ラインまでのスペース。
フォア・ヒット●1回の攻撃で、同じチームのプレーヤーが4回以上ボールに触れる反則。以前はオーバー・タイムスと呼ばれていた。
フォーメーション●チームで決めた攻撃や守備の陣形。
フット・フォールト●サーブのとき、足がエンド・ラインやコート内などに触れる反則。
フロント・ゾーン●アタック・ラインとセンター・ラインのあいだのスペース。以前はアタック・エリアと呼ばれていた。
ペネトレーション・フォールト●プレーヤーの片方の足(あるいは両足)が完全にセンター・ラインを越える反則。
ボール・アウト●コート外にボールが落ちること。
ボール・イン●コート内にボールが落ちること。
ポジショナル・ファウル●サーブのとき、プレーヤーが正しいポジションにいないこと。以前は、アウト・オブ・ポジションと呼ばれていた。

ら行

ライン・アップ・シート●チームのメンバー表のこと。
ラリー●サーブから得点、反則、ミスなどでアウト・オブ・プレーするまでの流れ。
リベロ●守備専門のプレーヤー。同じチームでも色の違ったユニフォームを着る。
リバウンド・プレー●相手ブロッカーの手にボールを当てて跳ね返ったボールを再び攻撃につなげるプレー。
レッドカード●スポーツマンシップに反する行為に対して出されるカード。
ローテーション●サイド・アウトによって、プレーヤーが右回りでコートポジションを移動すること。

わ行

ワンタッチ●スパイクなどが相手コートの外側に落ちてボール・アウトに思われたプレーで、じつはブロッカーの手にボールが触れていた場合。

あとがき

本書はこれからバレーボールに取り組もうとしている方たちに、基本となる技術を解説し、実践する際のコツを提示しました。ページ内にあるQRコードを読み取ると見本となる動画を観ることもできます。ぜひ参考にしてみてください。

技術を身に付けるにはフォームをまず知ってその「形」を表現できるようにすることから始まるかもしれません。しかし、実際にプレーするためにはそこに力の加減や、タイミング、リズムなど様々な要素を組み込まなくてはなりません。ですので、動く感じそしてボールを扱う感じの部分もぜひポイントとして理解してもらい、自分なりのコツを見つけてください。このコツが見つかるようになると一気にプレーが安定し、幅が広がってきます。一方でもしこのコツがなかなか見つからないと、ボールをコントロールできなかったり、タイミングがなかなか合わせられないというような状況になってしまうでしょう。練習ではフォームにこだわることも必要ですが簡単な設定からこのコツを見つけることを重視して、徐々に設定の難易度を上げるようにするとよいでしょう。

バレーボールはインプレー中は一度もボールを止めることができないため、初めは難しさを感じることが多くあると思います。しかし、先ほどは話した様々なコツを掴んでいくことで、それまで難しいと感じていたプレーができるようになり、さらには自身で工夫したことまで表現できるようになると思います。ぜひコツを大事に練習してみてください。

そして、なんといってもバレーボールはチーム力が試されるゲームです。ボールを持てないからこそ連係が乱れる場面も多くあり、そういった状況でどのようにチームでボールをつないで行くかという事も大いに大切です。もし一人一人が、別々なことを考えていたら、つながるボールもつながらなくなってしまいます。プレーの間だけでなく、インプレー中も積極的に言葉を発し互いのプレーや動きをつなげていくことを試みてください。このようなことが思った以上に成果を発揮すると思います。そして、連係力が発揮されるチームになると、オフェンス、ディフェンス両面でコンビネーションが発揮できるようになり、個人の技術だけでなくチームのプレーが大いに発展していきます。そうなってくると個人のプレーがうまくいくかどうかという視点だけでなく、チームとしてどのように連係できたかという事の視点もでき一層バレーボールゲームを楽しめるようになると思います。

みなさんには、今日から本書を利用ししっかりと基礎を身に付け、ゲームにおいてチームプレーを楽しめるようになってもらいたいと思います。

Thanks

撮影に協力してくださったみなさん

[学芸大学バレーボール部の3人]
左から羽石作大朗さん、三田村凌河さん、田中夏希さん。さすがは関東大学リーグ1位のトッププレーヤーで、基本がしっかりできていました。プレーの正確性はもちろん、スパイクやサーブの迫力に圧倒されました。

[中学1年生の3人]
左から馬場大寿さん、濵田瑛太さん、宇野玄桐さん。大学生に比べると体の線は細いものの、基礎をしっかりつくろうという意識が高く、今後の成長が楽しみです。

長時間の撮影にも関わらず、
ずっと笑顔でご協力いただきました。
この場をお借りして、心より感謝申し上げます。

髙橋 宏文 たかはし・ひろぶみ

[東京学芸大学教授]
1970年生まれ。神奈川県出身。順天堂大学大学院修士課程を1994年に終了。大学院時代は同大学女子バレーボール部のコーチを務め、終了後、同大学助手として勤務。男子バレーボール部のコーチにも就任。以後3年半にわたり大学トップリーグでコーチを務める。1998年より東京学芸大学に勤務。同大学では男子バレーボール部の監督を務めている。著書には『マルチアングル戦術図解 バレーボールの戦い方』『ライバルに差をつけろ！ 自主練習シリーズ バレーボール』（ともにベースボール・マガジン社刊）などがある。

中学デビューシリーズ
バレーボール入門

2023年11月30日　第1版第1刷発行

著者　髙橋宏文
発行人　池田哲雄
発行所　株式会社ベースボール・マガジン社
〒103-8482
東京都中央区日本橋浜町2-61-9　TIE浜町ビル
電話　03-5643-3930（販売部）
03-5643-3885（出版部）
振替口座 00180-6-46620
https://www.bbm-japan.com/

印刷・製本　共同印刷株式会社

ISBN 978-4-583-11634-1　C2075